C.H.BECK WISSEN

Am 24. Februar 2022 griff Russland die gesamte Ukraine an. Es ist die dritte Phase in einem Krieg, der mit der Annexion der Krim 2014 begann und sich im Donbas ab 2014 fortsetzte. Es ist Europas größter Krieg seit dem Zweiten Weltkrieg. Wie konnte es dazu kommen? Warum entschloss sich Putin zu diesem Schritt? Gwendolyn Sasse seziert die Faktoren, die zu dieser verhängnisvollen Entscheidung führten, und zeigt, wie sehr die eigenständige Entwicklung der Ukraine das russische Machtsystem bedrohte. Dabei räumt sie mit zahlreichen Fehlwahrnehmungen auf, die gerade auch in Deutschland das Bild der Ukraine lange verzerrt haben. So entsteht eine erhellende historische und politische Einordnung des russischen Überfalls, der die westlichen Staaten und die internationale Ordnung vor enorme Herausforderungen stellt.

Gwendolyn Sasse ist Direktorin des Zentrums für Osteuropa- und internationale Studien (ZOiS) und Einstein-Professorin für Vergleichende Demokratie- und Autoritarismusforschung an der Humboldt-Universität zu Berlin.

Gwendolyn Sasse

RUSSLANDS KRIEG GEGEN DIE UKRAINE

Hintergründe, Ereignisse, Folgen

C.H.Beck

Für meine Freund:innen und Kolleg:innen in und aus der Ukraine. Für meine Tochter Nora, der ich von Herzen ein friedliches Leben wünsche, und für Jim.

1. und 2. Auflage. 2022
3., überarbeitete, aktualisierte und erweiterte Auflage. 2024

Mit 2 Karten © Peter Palm, Berlin

4. Auflage. 2025
Originalausgabe

Wilhelmstraße 9, 80801 München, info@beck.de

www.chbeck.de
Reihengestaltung Umschlag: Uwe Göbel (Original 1995, mit Logo), Marion Blomeyer (Überarbeitung 2018)
Umschlagabbildung: Ukrainischer Soldat in Kyjiw, 2022
© EPA-EFE Zurab Kurtsikidze
Satz: C.H.Beck.Media.Solutions, Nördlingen
Druck und Bindung: Druckerei C.H.Beck, Nördlingen
Printed in Germany
ISBN 978 3 406 82434 0

verantwortungsbewusst produziert
www.chbeck.de/nachhaltig
produktsicherheit.beck.de

Inhalt

Vorwort

Dieses Buch ist ungewöhnlich, sowohl für seine Leser und Leserinnen als auch für die Autorin. Es ist inmitten des größten Krieges in Europa seit dem Ende des Zweiten Weltkriegs entstanden und wird nun fortgeschrieben, ohne dass ein Ende des Krieges in Sicht ist. Die erste Auflage wurde fünf Monate nach dem Beginn der vollumfänglichen Invasion Russlands in die Ukraine abgeschlossen. Zu diesem Zeitpunkt war der russische Marsch auf Kyjiw abgewehrt, doch große Teile der Region Charkiw waren von russischen Truppen besetzt, und das Kriegsgeschehen konzentrierte sich auf den Osten und Süden des Landes. Im Herbst 2022 folgten dann sowohl die ukrainische Gegenoffensive, die in kurzer Zeit weitreichende Gebiete in der nordöstlichen Region Charkiw und Teile der besetzten Gebiete im Südosten zurückerobern konnte, als auch die von Russland deklarierte Annexion von vier teilweise besetzten Regionen, Donezk, Luhansk, Cherson und Saporischschja. Seitdem ist etwa ein Fünftel des ukrainischen Staatsgebiets unter russischer Kontrolle. Die Frontlinie im Südosten der Ukraine ist zu einem Stellungs- und Abnutzungskrieg geworden. Das Kriegsgeschehen im Schwarzen Meer bleibt dynamischer, hängt jedoch stark von westlichen Waffensystemen mit höherer Reichweite ab. Die Intensität russischer Luftangriffe auf ukrainische Städte hat 2024 noch einmal zugenommen, der Ukraine mangelte es an Luftverteidigung, Artillerie und Munition, und große Teile der Energieinfrastruktur sind zerstört. Die Überarbeitung dieses Buches fällt zusammen mit der Besetzung von Grenzgebieten in der russischen Region Kursk durch ukrainische Truppen. Die Bedeutung dieser ukrainischen Initiative für den weiteren Kriegsverlauf bzw. etwaige Verhandlungen ist bisher nicht abzuschätzen.

Diese dritte Auflage bleibt in Struktur und Argumentation

unverändert, erweitert die Darstellung der Ereignisse jedoch bis August 2024. Die russische Staatsrhetorik, die Besatzung ukrainischen Staatsgebiets, das Ausmaß an Zerstörung und die Kriegsverbrechen der russischen Truppen haben keinen Zweifel daran gelassen, worum es Russland geht: um die Vernichtung des unabhängigen ukrainischen Staats und der ukrainischen Nation. Es ist somit auch ein Krieg gegen Ideen wie Souveränität, territoriale Integrität, Demokratie und ein friedliches Zusammenleben in Europa. Dieses Buch war und bleibt ein Versuch aufzuholen, zu ordnen, zu erklären und dabei gegen die tägliche Atemlosigkeit des Kriegs anzuschreiben. Es stützt sich auf die internationale sozialwissenschaftliche Forschung über die Ukraine, die im öffentlichen Diskurs strukturell bedingt nicht präsent genug war, sich aber als essentiell erweist für das Verständnis der gegenwärtigen Ereignisse. Für die noch ungewisse Zukunft sind Gewissheiten über diesen Krieg in Form von Dokumentation und Kontextualisierung eine unabdingbare Voraussetzung. Vielleicht kann dieses Buch hierbei auch weiterhin einen Beitrag leisten.

Wie lässt sich dieser Krieg erklären? Warum und wogegen führt Russland diesen Krieg – und warum jetzt? Und wie erklärt sich die Kraft des militärischen und zivilen Widerstands der Ukraine, von dem nicht nur Wladimir Putin und die russischen Streitkräfte überrascht wurden, sondern auch viele westliche Beobachter und Beobachterinnen? Es sind große Fragen für ein so kleines Buch. Die Darstellung beginnt bewusst nicht mit Putins Befehl zum Angriff auf die gesamte Ukraine am 24. Februar 2022 und einer Chronologie des Krieges. Stattdessen steigt es mit der Unabhängigkeit der Ukraine und den Herausforderungen ein, denen sich der ukrainische Staat seit 1991 stellen musste – in Bezug auf seine territoriale Integrität, seine Transformation und seine innen- und außenpolitische Orientierung. Der facettenreiche Begriff der Identität zieht sich wie ein roter Faden durch dieses Buch: von der ukrainischen Nation und staatlicher Unabhängigkeit über die Rolle ethnischer, sprachlicher und regionaler Identitäten bis zu der sie überlagernden, auf den ukrainischen Staat fokussierten Identität und der politischen Entscheidung für eine Demokratie und Integration in westliche Institutionen. Es sind genau diese Entwicklungen, auf die der Autoritarismus unter Wladimir Putin mit dem Krieg gegen die Ukraine – von der Krim-Annexion über den Krieg im Donbas bis hin zur großangelegten Offensive – reagierte.

Dieses Buch legt den Akzent bewusst auf gesellschaftliche und politische Dynamiken, die im öffentlichen Bewusstsein Europas bis zum Krieg weitgehend unbekannt waren und auch in der jetzigen Kriegssituation noch häufig missverstanden werden. Eine zentrale Rolle spielt hierbei der Drang innerhalb der ukrainischen Gesellschaft nach Veränderung, der sich in wiederholten Protestzyklen entlud und zur Grundlage für den derzeitigen militärischen und zivilen Widerstand wurde. Die Tatsache, dass die Ukraine den meisten Menschen in Deutschland und Westeuropa bis zu diesem Krieg so fern erschien, hat viel mit einer undifferenzierten Sichtweise zu tun, die über dreißig Jahre nach 1991 die Sowjetunion gedanklich als Russland fortschrieb und dabei die Transformation der anderen aus ihr hervorgegangenen Staaten ausblendete. Der Imperialismus des russischen Zarenreichs und der Sowjetunion wirkt auch im westlichen Blick auf diese Region nach.

Bei der Transkription ukrainischer und russischer Namen ist die Entscheidung der Lesbarkeit halber für die in deutschen Medien übliche Variante gefallen, einschließlich der sich verspätet durchsetzenden Schreibweise «Kyjiw». Die Liste derer, die meinen Blick auf die Ukraine geschärft haben, ist zu lang, um sie hier ausführen zu können. Namentlich danken möchte ich zumindest denjenigen, mit denen ich seit Jahren am engsten in meiner Forschung zur Ukraine zusammenarbeite: Olga Onuch, Henry Hale und Volodymyr Kulyk und dem Team des Kyjiwer Internationalen Instituts für Soziologie (KIIS). Wichtige Denkanstöße, die sich in diesem Buch wiederfinden, verdanke ich Roman Szporluk, Margot Light, Dominic Lieven, James Hughes, Chris Binns, Mark Beissinger, Serhii Plokhy, Graeme Robertson und Sam Greene. Zwei große Kooperationsprojekte – das im Rahmen der Open Research Area geförderte Projekt MOBILISE (DFG Projekt-Nr. 396856214) und das DFG-Exzellenzcluster «Contestations of the Liberal Script» (EXC 2055, Projekt-Nr. 390715649) – verorteten meine hier eingeflossene Ukraine-Forschung in einem produktiven komparativen Rahmen. Dankbar bin ich auch für die Forschungsassistenz durch Alice Lackner am ZOiS und für die Unterstützung von Nikol Levova bei der Zusammenstellung der Bibliographie. Ich bedanke mich beim Verlag C.H.Beck, insbesondere bei Sebastian Ullrich, für die Initiative, ohne die dieses Buch nie entstanden wäre, und sein Vertrauen in dieses mitunter unmöglich erscheinende Unterfangen. Inzwischen gehört auch meine (leicht erweiterte) Übersetzung ins Englische, die im Herbst 2023 bei Polity Press erschien, zum Werdegang dieses Buches. Mein größter Dank gebührt weiterhin Jim und Nora für ihre Unterstützung und Kraft, die sie mir seit dem 24. Februar in dieser beschleunigten und unfassbar traurigen Zeit gegeben haben.

Lasst uns mit dem Schwersten
        anfangen – mit dem Gesang
und dem Löschen des Feuers
das in der Nacht näher rückt.
Lasst uns mit dem Flüstern
        der Namen anfangen
und zusammen den Wortschatz
        des Todes flechten.

Serhij Zhadan

1. Warum dieser Krieg? Warum jetzt?

Es herrscht Krieg in Europa. Diese Realität schreibt sich mit dem großangelegten Angriff Russlands auf die Ukraine seit dem 24. Februar 2022 als Zäsur in die europäische und internationale Politik und das öffentliche Bewusstsein ein. Schätzungen gehen inzwischen von Hunderttausenden von Toten aus – genaue Opferzahlen gibt es bisher nicht. Zwischen einem Viertel und einem Drittel der Bevölkerung der Ukraine (vor 2022 ca. 40 Millionen) ist nach dem 24. Februar 2022 innerhalb oder aus der Ukraine geflohen.

Über dreißig Jahre sind seit dem Ende der Sowjetunion vergangen. Ihr Zerfall ist wesentlich weniger friedlich verlaufen als oftmals angenommen. Im Vergleich zur gewaltsamen Desintegration Jugoslawiens wirkten die Kriege um Bergkarabach, Transnistrien, Abchasien und Südossetien aus westeuropäischer Perspektive klein, obwohl in ihnen insgesamt Zehntausende starben und Hunderttausende vertrieben wurden. Auch der Bürgerkrieg in Tajikistan fand wenig Beachtung in Europa. Russlands Kriege gegen Tschetschenien (1994–96 und 1999–2009), in denen mehrere hunderttausend Menschen getötet, verletzt oder vertrieben wurden, blieben weitgehend unbeachtet in einer Zeit, als westliche Regierungen zunächst den russischen Präsidenten Boris Jelzin unterstützten und dann den zweiten Krieg in Tschetschenien unter Präsident Wladimir Putin weitgehend ignorierten. Russlands Kriegsführung in Tschetschenien nahm bereits einige der später in Syrien und jetzt in der Ukraine angewandten brutalen Methoden vorweg. Wie alle diese Kriege steht auch Russlands Krieg gegen die Ukraine im direkten Zusammenhang mit dem Zusammenbruch der Sowjetunion, der lange vor dem offiziellen Ende 1991 begann und bis heute nachwirkt.

Russlands Krieg gegen die Ukraine beendet auch die Illusion des friedlichen Zusammenlebens und einer «Friedensdividende» in Europa nach dem Ende des Kalten Krieges. Diese Illusion wurde weder von den Kriegen im ehemaligen Jugoslawien in den frühen 1990ern noch von den Vorläufern der gegenwärtigen russischen Invasion erschüttert. Dabei begann Russlands Krieg gegen die Ukraine bereits 2014 mit der Annexion der Krim und dem von Moskau kontrollierten Krieg im Donbas, der zu etwa 14 000 Toten führte, etwa 1,5 Millionen Menschen zu Binnenflüchtlingen machte und etwa 1 Million Menschen nach Russland vertrieb. Ab dem Frühjahr 2021 begann Russland darüber hinaus, weit über 100 000 Soldaten an der russisch-ukrainischen und belarusisch-ukrainischen Grenze zu stationieren.

Trotz allem kam der umfassende Angriff vom 24. Februar 2022, der mit Luftangriffen auf die Hauptstadt Kyjiw und Großstädte wie Charkiw, Odesa und Lwiw begann und russische Panzerkolonnen von drei Seiten in die Ukraine vorrücken ließ, gefühlt überraschend. In der EU waren viele von Drohgebärden und einem Kosten-Nutzen-Kalkül Putins ausgegangen, was einen Angriffskrieg dieser Art unwahrscheinlich erscheinen ließ. Die Bevölkerung in West- und Südeuropa war vor allem deshalb überrascht, weil die Ukraine auf ihrer mentalen Landkarte kaum vorkam. Die gefühlte und die geographische Distanz zur Ukraine klafften deutlich auseinander und haben sich erst durch die derzeitige Phase des Krieges einander angenähert. Und selbst die ukrainische Regierung hatte die Gefahr eines großangelegten Angriffs entweder unterschätzt oder zumindest in der Öffentlichkeit mehrfach kleingeredet, um die Bevölkerung und die Wirtschaft nicht vorzeitig in Unruhe zu versetzen. Die US-Geheimdienste hatten jedoch mehrfach seit Ende 2021 vor einer Eskalation gewarnt.

Der erste europaweite Schock über den Angriff vom 24. Februar 2022 wurde von einer zweiten weithin unerwarteten Erkenntnis abgelöst: der Stärke des militärischen und zivilen Widerstands der Ukraine gegen den Aggressor. Diverse westliche Verteidigungsministerien und Geheimdienste hatten angesichts des militärischen Ungleichgewichts einen kurzen Krieg zugunsten Russlands erwartet. Widerstand lässt sich vor dem Eintreten des Extremfalls nur schwer vorhersagen und erfordert Kenntnis der Gesellschaft. Laut einer Meinungsumfrage des Kyjiwer Internationalen Instituts für Soziologie (KIIS) vom Dezember 2021 war für den Fall eines erneuten russischen Angriffs die Hälfte der Bevölkerung (ohne die Krim und die nicht von Kyjiw kontrollierten Gebieten des Donbas, in denen reguläre Umfragen nicht durchgeführt werden konnten) bereit, Widerstand zu leisten: 33 Prozent äußerten zu diesem Zeitpunkt ihre Bereitschaft zu bewaffnetem Widerstand und 22 Prozent zu zivilem Widerstand (Mehrfachnennung war möglich). Insgesamt war laut dieser Umfrage der Widerstandswille im Westen des Landes etwas stärker ausgeprägt als im Süden und Osten. Bis Anfang Februar 2022 hatte sich dieser Trend auf Landesebene weiter verstärkt: Fast 58 Prozent zeigten sich zu diesem Zeitpunkt zu Widerstand bereit, darunter 37 Prozent zu bewaffnetem und 25 Prozent zu zivilem Widerstand.

Seit den ersten Kriegstagen, in denen die unerwartete Stärke der Ukraine ersichtlich wurde, wird immer wieder betont, dass sich nun die ukrainische Nation in ihrem Staat konstituiere. Die offensichtliche Einigkeit entspricht nicht dem weit verbreiteten Bild einer in Ost und West gespaltenen Ukraine, in der Sprache, Ethnizität und Region interne Trennlinien ausmachen. Das Ausmaß des Widerstands und des zivilgesellschaftlichen Engagements – vom aktiven Einsatz in der ukrainischen Armee oder territorialen Verteidigungseinheiten über Crowdfunding für militärische Ausrüstung und humanitäre Hilfe bis hin zum Wiederaufbau von Infrastruktur – ist jedoch die Folge und nicht die

Ursache einer längst bestehenden ukrainischen Identität, die sich bei aller internen Diversität an den ukrainischen Staat und das Verständnis, ukrainischer Staatsbürger oder Staatsbürgerin zu sein, knüpft. Es geht also auch darum, ein vor dem 24. Februar 2022 weit verbreitetes lückenhaftes Bild der Ukraine zu korrigieren und die Gründe für diese selektive Wahrnehmung kritisch zu hinterfragen.

Der Krieg brach nicht plötzlich über die Ukraine und über Europa herein. Eine Herausforderung liegt darin, ihn im Rückblick in seinem Kontext zu begreifen, ihn dabei aber auch nicht als zwangsläufige Folge bestimmter Ereignisse und Entwicklungen darzustellen. Geschichte und Politik sind nie alternativlos, auch wenn sich im Nachhinein die Stimmen mehren, die den Krieg immer vorausgesagt haben wollen. Eine derartig pauschalisierende Reaktion auf den Krieg würde jedoch dem politischen Prozess mit seinen Schlüsselmomenten, Fehleinschätzungen und Entscheidungen nicht gerecht. Kriege haben eine Vorgeschichte. Über einen längeren Zeitraum hinweg lassen sich Muster erkennen, die einen Krieg wahrscheinlicher machten – bis hin zur Rede Wladimir Putins am 21. Februar 2022, in der er seine Intentionen in aller Deutlichkeit benannte. Drei Tage später erfolgte der Angriff auf die gesamte Ukraine.

Die Schlüsselrolle von Wladimir Putin ist offensichtlich. Zugleich lässt sich der Krieg nicht auf seine Person verengen. Die Bezeichnung «Putins Krieg» greift zu kurz, auch wenn Putin diesen Krieg auslöste. Auch gibt es nicht nur eine einzige Kriegsursache. Vielmehr war es ein Geflecht von Entwicklungen, die die notwendigen, aber nicht hinreichenden Bedingungen für den Krieg schufen:

- die Autokratisierung Russlands verbunden mit wachsenden neo-imperialen Machtansprüchen
- die Durchdringung der russischen Gesellschaft mit staatlicher Geschichtspolitik und Propaganda
- die Demokratisierung und Westorientierung der Ukraine
- die Stärkung einer staatszentrierten ukrainischen Identität
- die zunehmende Diskrepanz zwischen westlichen und russischen Sicherheitswahrnehmungen

– die wachsenden Widersprüche in der westlichen Russland-Politik
– die sukzessive Ausweitung des Krieges seit 2014.

Erst in ihrem Zusammenspiel ermöglichten diese Dynamiken Russlands Krieg gegen die Ukraine, und Putin als Katalysator ließ diese Möglichkeit zur Realität werden. Jede der aufgeführten Entwicklungen beschreibt eine Verknüpfung von strukturellen Faktoren und politischen bzw. gesellschaftlichen Akteuren. Es handelt sich somit nicht um eine Reduzierung auf strukturelle Hintergrundfaktoren. Die Liste umfasst je zwei auf Russland und die Ukraine bezogene Entwicklungen, zwei Trends in den Beziehungen zwischen Russland und dem Westen sowie eine dem Krieg selbst innewohnende Logik. Sie lässt sich kürzer fassen oder weiter untergliedern, erfasst aber meinem Verständnis nach in dieser Bandbreite die zentralen systemischen, ideellen, gesellschaftlichen und politischen Entwicklungen. Die Gewichtung mag unterschiedlich ausfallen. Meiner Ansicht nach spielen die erste und dritte Entwicklung in ihrer Wechselwirkung die zentrale Rolle – sowohl als Erklärung für die steigende Wahrscheinlichkeit des Krieges als auch für die sich entfaltende Kriegsdynamik. Die an zweiter und vierter Stelle angeordneten Entwicklungen beschreiben staatliche und gesellschaftliche Mechanismen, die die konträren innen- und außenpolitischen Modelle Russlands und der Ukraine stützen. Eine demokratische, in westliche Institutionen integrierte Ukraine stellt für das autoritäre Russland unter Präsident Wladimir Putin eine Gefahr dar. Zum einen unterläuft die Ukraine den regionalen – und indirekt auch den globalen – Machtanspruch Russlands, der eine wichtige Legitimationsgrundlage des autoritären Systems ist. Zum anderen könnte dieses Modell der Ukraine auch für die russische Gesellschaft oder die Eliten zu einem Kristallisationspunkt für Hoffnungen und Erwartungen werden, die das existierende russische Staatsmodell von innen in Frage stellen. Es geht im Kern um Russlands autoritären Systemerhalt samt seiner neoimperialen Machtprojektion. Die Bereitschaft, für diesen Systemerhalt Krieg zu führen, unterstreicht das Ausmaß und die Dringlichkeit der Gefahr, die von der Ukraine für Russland ausging. Dies ist der Kontext, in dem Putin als Schlüsselakteur in einem jeweils als opportun wahrgenommenen Zeitfenster zuerst den Befehl zur Annexion der Krim, dann zum Krieg im Donbas und schließlich zum Frontalangriff auf die gesamte Ukraine gab.

Autokratisierung Russlands verbunden mit wachsenden neo-imperialen Machtansprüchen

Putins Amtsantritt als Präsident der Russländischen Föderation im Mai 2000 war der Auftakt zu einem systematischen Aufbau eines autoritären Systems. Sein Vorgänger Boris Jelzin hatte ihn zum Ministerpräsidenten ernannt, und in dieser Funktion übernahm Putin nach dem Rücktritt Jelzins Ende 1999 bis zu den Präsidentschaftswahlen im März 2000 die Regierungsgeschäfte. Jelzin hatte nach dem Zusammenbruch der Sowjetunion, den er bewusst beschleunigt hatte, in Russland einen ambivalenten Kurs zwischen wirtschaftlicher Liberalisierung, Demokratisierung, Gewalt und Autoritarismus verfolgt. Seine Präsidentschaft verbindet sich insbesondere mit der Verfassung von 1993, die ein starkes präsidiales System mit Dekretvollmachten festschrieb, einem weitreichenden Einfluss wirtschaftlicher Eliten, die von der Privatisierung profitierten, und dem ersten Tschetschenienkrieg 1994–1996. Putin wurde gezielt als Jelzins Nachfolger aus den Geheimdiensten heraus rekrutiert. Sein Amtsantritt war durch den noch brutaler geführten zweiten Tschetschenienkrieg als Antwort auf vermeintliche terroristische Attacken in Moskau unmittelbar von Gewalt geprägt. Über Repressionen und eine Umstrukturierung des Machtzentrums wurde der Einfluss der Oligarchen auf politische Entscheidungsprozesse zurückgedrängt. Das System stützte sich immer stärker auf den Sicherheitsapparat und die Armee. Die Zentralisierung und Personalisierung des Systems gingen einher mit einer immer umfassenderen Medienkontrolle, Repressionen gegen jegliche Form der politischen Opposition und einer zunehmenden Atomisierung der Gesellschaft. Das autoritäre System unter Wladimir Putin hat über die Jahre hinweg immer aktiver am Selbsterhalt gearbeitet. Es ist somit ein Beispiel dafür, dass Autoritarismus kein statisches System beschreibt, sondern eines, das Anpassungen vornimmt und dafür verschiedene Anreize, Druckmittel und die Delegation von Verantwortung einsetzt. Eine enge Verknüpfung von russischer Innen- und Außenpolitik gehört zu den Rückkopplungsmechanismen, die das politische System erhalten. Unter Putin ist der nach außen gerichtete Neo-Imperialismus ein fester Bestandteil des Autoritarismus im Innern geworden. Zum systematischen Ausbau des autoritären Systems gehörte somit die explizite Formulierung und teilweise Umsetzung von regionalen und globalen Machtansprüchen, so z. B. in Georgien ab 2008 und in der Ukraine ab 2014. Die neo-imperiale Staatsideologie wurde maßgeblich von Putin selbst geprägt. Aus ihr leitet sich die proklamierte Kriegsmotivation ab; an sie ist der Erhalt des derzeitigen autoritären Systems gekoppelt.

Das Diktum, dass Demokratien keine Kriege gegeneinander führen, lässt sich in vergleichenden Studien empirisch bestätigen, nicht jedoch die These, dass Autokratien häufiger Krieg führen als Demokratien. Auch wenn die politische Verfasstheit des Systems nicht per se über Krieg und Frieden entscheidet, so spielt die Machtkonzentration in einem autoritären System eine Rolle für die letztendliche Entscheidung über Krieg und Frieden. Es gibt weniger institutionell verankerte Hürden auf dem Weg zum Kriegsbefehl und kaum Opposition gegenüber der ideellen oder materiellen Kriegsbegründung.

Durchdringung der russischen Gesellschaft mit staatlicher Geschichtspolitik und Propaganda

Der russische Staat betreibt seit Jahren eine äußerst proaktive Geschichtspolitik, die versucht, mit einer selektiven Interpretation der russischen und sowjetischen Geschichte Anknüpfungspunkte für die individuelle und kollektive Identifikation zu bieten und das politische System nach innen zu legitimieren. Die Instrumentalisierung der Geschichte, aus der politische Ansprüche für die Gegenwart und Zukunft abgeleitet werden, ist einer der zentralen Mechanismen des Autoritarismus unter Putin. Wie zu Zeiten der Sowjetunion steht insbesondere der Zweite Weltkrieg im Mittelpunkt der von oben gelenkten historischen Erinnerung. Eine wichtige Rolle spielen die öffentliche Inszenierung des 9. Mai, des Tages des Sieges über Nazi-Deutschland, das Umschreiben und die Vereinheitlichung von Schulbüchern und die Anpassung der historischen Forschung an die Bedürfnisse des Staates. Die Staatsmedien verankern die politisch opportune Interpretation von Geschichte als Teil der neo-imperialen Staatsideologie im gesellschaftlichen Alltag des Systems.

Die Betonung liegt auf den Kontinuitäten in der russischen und sowjetischen Geschichte, während politische Umbrüche wie die Oktoberrevolution und der Zusammenbruch der Sowjetunion in der offiziellen Geschichtsschreibung als Aberration auftauchen. Die neo-imperialen Machtansprüche gipfeln in der Sicht Putins auf die Ukraine, der die Existenz als eigenständige Nation und als Staat abgesprochen wird. In den von Putin aktiv betriebenen und teilweise selbst verfassten Geschichtsdiskursen und ihrer intensiven medialen Verbreitung in Russland und im Ausland spiegelt sich auch Putins Sorge um die eigene historische Hinterlassenschaft. In seinen diversen Reden sieht er sich in der direkten Nachfolge der russischen Zaren, insbesondere Peters des Großen, der das Russische Reich modernisierte und ausdehnte, indem er interne und externe Gegner bezwang. Wie andere historische Hinterlassenschaften auch, entfalten aus der Geschichte abgeleitete Machtansprüche nicht automatisch ihre politische Wirkung. Sie müssen aktiviert werden. Dies kann über die Reibung mit konträren politischen Ideen geschehen – wie in der Ukraine.

Demokratisierung und Westorientierung der Ukraine

In den über 30 Jahren seit der ukrainischen Unabhängigkeit hat eine Transformation der Ukraine in ein politisches System stattgefunden, das eine klare Alternative zum Autoritarismus russischer Prägung darstellt. Die Transformation ist nicht immer gradlinig verlaufen und ist noch nicht abgeschlossen, aber die grundlegende Weichenstellung erfolgte durch die wiederholte gesellschaftliche Mobilisierung für Unabhängigkeit, Demokratie und Rechtsstaatlichkeit. Die Zyklen der Massenproteste haben die Erfahrungen, Erwartungen und Hoffnungen der ukrainischen Gesellschaft geprägt und eine neue Grundlage für soziales, zivilgesellschaftliches und politisches Engagement geschaffen. Von besonderer Bedeutung waren die Orangene Revolution von 2004 und der Euromaidan 2013/14. Eine umfassende Dezentralisierung hat diesen Trend auf der lokalen Ebene im Sinne einer Demokratisierung von unten verstärkt. Die Demokratisierung der Ukraine war eng mit einer Westorientierung verbunden. Die Annäherung an die EU und die NATO wurde ab 2004 zur offiziellen Politik und setzte sich nach einer erneuten Phase der außenpolitischen Ambivalenz 2010–2013 mit dem Euromaidan durch. Neben dieser Grundsatzentscheidung war die gesellschaftliche Westorientierung auch eine logische Folge der in den Protestbewegungen eingeforderten Werte und Lebensstandards. Der Wunsch nach Integration in die EU wurde im ganzen Land zur Mehrheitsmeinung. Die Zustimmung zur Integration in die NATO wuchs ebenfalls, seit 2014 v.a. im Südosten des Landes, blieb aber insgesamt etwas hinter dem EU-Konsens zurück.

Stärkung einer staatszentrierten ukrainischen Identität

Der Transformationsprozess in der Ukraine hat eine mit dem ukrainischen Staat und dem politischen System verknüpfte nationale Identität gestärkt. Zahlreiche Umfragen verschiedener Agenturen zeigen diesen Trend, der sich im Zusammenhang mit dem Euromaidan, der Krim-Annexion und Russlands Krieg im Donbas verstärkte. Diese Identität legt den Akzent auf das Prinzip der Staatsbürgerschaft und ist somit inklusiver als ethnische, sprachliche, regionale oder soziale Identitäten. Die wiederholten Protestzyklen in der Ukraine waren in ihren Forderungen und Mobilisierungsstrategien gesamtgesellschaftlich angelegt und bezogen sich bewusst auf allgemeine demokratische Prinzipien und universelle Menschenrechte. Sie trugen zum staatszentrierten Selbstverständnis bei, das auch in Selenskyjs Wahlkampf 2019 eine zentrale Rolle spielte. Diese Art von Identität bietet einen Rückhalt in Krisenzeiten und kann auch im Kriegskontext aktiviert werden.

Bestehendes gesellschaftliches Engagement konnte im Krieg rasch in humanitäre Hilfe (z. B. für Geflüchtete), Unterstützung für die Armee (z. B. in Form von Spenden oder Mitgliedschaft in territorialen Verteidigungseinheiten), für den Erhalt lokaler Selbstverwaltungsstrukturen und für den Wiederaufbau von Infrastruktur umgelenkt werden. Die kumulative historische Erfahrung von Diskriminierung und Repressionen im russischen und sowjetischen imperialen Kontext, die seit der Orangenen Revolution eine sichtbarere Rolle im öffentlichen Diskurs in der Ukraine spielte (z. B. mit Bezug auf den Holodomor, die künstlich von Stalin herbeigeführte Hungersnot), verleiht der Transformation in eine politische Alternative zu Russland eine besondere emotionale Intensität. Diese historische Erfahrung und ihre Aufarbeitung hätten auch eine engere Definition einer ethnischen ukrainischen Identität befördern können. Doch mit der Entscheidung, allen 1991 auf dem Staatsgebiet Ansässigen die ukrainische Staatsbürgerschaft zu verleihen, lag der Akzent seit der Unabhängigkeit auf einer inklusiven staatlichen Identität.

Zunehmende Diskrepanz zwischen westlichen und russischen Sicherheitswahrnehmungen

Das von Putin in seinen Reden benannte Kriegsmotiv bezieht sich auf die Wahrnehmung einer Bedrohung Russlands durch die Politik des Westens, insbesondere durch die NATO-Osterweiterung und die Annäherung der Ukraine (und Georgiens) an die NATO. Auch wenn Putin die EU nie explizit als Sicherheitsrisiko benannt hat, so stellt auch die partielle Integration der Ukraine in den EU-Binnenmarkt über ein Assoziierungsabkommen und das Vertiefte und Umfassende Freihandelsabkommen und vor allem die mit dem Krieg konkret gewordene Beitrittsperspektive ein politisches und wirtschaftliches Risiko für Russland dar. Die Integration in die EU-Strukturen und -Praktiken unterstreicht, dass die Ukraine ein Modell verkörpert, das in der Zukunft auch in Russland auf der Ebene der Eliten und der Gesellschaft attraktiver werden könnte. Zudem mindert sie die Attraktivität der von Russland initiierten Eurasischen Wirtschaftsunion. Putin thematisiert die EU generell wenig und spricht ihr damit ihre Relevanz ab. Er nutzt ihre internen Schwächen und setzt auf bilaterale Beziehungen zu einzelnen EU-Mitgliedstaaten. Kurz nach dem Beginn der vollumfänglichen Invasion bewarb sich die Ukraine offiziell um den EU-Kandidatenstatus, erhielt diesen wenige Monate später und bekam Ende 2023 grünes Licht für die Aufnahme von Beitrittsverhandlungen. Moldau folgte dem Beispiel der Ukraine, und Georgien erhielt zumindest den Kandidatenstatus. Russlands Krieg hat somit eine weitere EU-Osterweiterung eingeleitet.

Putin wusste genau, dass die NATO-Mitgliedschaft der Ukraine (und Georgiens) auf absehbare Zeit nicht auf der Tagesordnung stand. Auch die Tatsache, dass Putin nicht auf das von Selenskyj in den ersten Kriegstagen unterbreitete Angebot einging, über eine Neutralität der Ukraine im Gegenzug für belastbare Sicherheitsgarantien zu verhandeln, zeigt, dass es Putin um mehr als das Verhältnis der Ukraine zur NATO geht. Auch ließ er sich nicht auf einen substantiellen Sicherheitsdialog mit den USA und der NATO ein, der im Vorfeld des Angriffskriegs vom 24. Februar möglich gewesen wäre. Stattdessen formulierte Putin Maximalforderungen, die zum Status quo vor der NATO-Russland-Grundakte von 1997 und der auf sie folgenden NATO-Osterweiterung zurückkehren wollten. Verhandlungsbereitschaft ließ er nicht erkennen. Russlands Mantra, die NATO habe im Kontext der deutschen Wiedervereinigung versprochen, sich nicht gen Osten auszuweiten, ist leicht aufgeklärt: Es gab keine verbindliche schriftliche Vereinbarung. Letztendlich überstieg die Möglichkeit einer NATO-Osterweiterung den damaligen Vorstellungshorizont aller an den Verhandlungen Beteiligten, die noch nicht vom Zerfall des Warschauer Paktes und der Sowjetunion ausgingen. Seit Ende des Kalten Krieges ist es nicht gelungen, eine europäische oder internationale Sicherheitsarchitektur zu etablieren, die die unterschiedlichen Wahrnehmungen und Interessen hätte integrieren können. Der politische Wille dazu war zunächst bei den ostmitteleuropäischen Staaten, die ihre Sicherheit nur durch die NATO und insbesondere durch die USA garantiert sahen, und dann sowohl in Russland als auch im Westen gering. Die in der NATO-Russland-Grundakte erwähnte Absicht, die Abrüstung über eine Anpassung des Vertrags über Konventionelle Streitkräfte in Europa von 1990 zu verstärken, scheiterte sowohl an russischen als auch an NATO-Vorbehalten. Das Auslaufen von bzw. der Ausstieg aus Rüstungskontrollverträgen zwischen den USA und Russland sowie die Aufrüstung Russlands und neuer globaler Akteure wie China und Indien erhöhten die allgemeine Unsicherheit auf internationaler Ebene.

Wachsende Widersprüche in der westlichen Russland-Politik

Die Widersprüche in der westlichen Russland-Politik bzw. das Fehlen einer kohärenten Russland-Politik auf EU- oder NATO-Ebene sind in den Jahren vor 2022 immer deutlicher geworden. Die deutsche Debatte war das deutlichste Beispiel einer widersprüchlichen Kombination von Dialog und Sanktionen. Einerseits war Deutschland eine der treibenden EU-Kräfte hinter den ersten EU-Sanktionen als Antwort auf die Krim-Annexion und den Krieg im Donbas sowie der regelmäßigen Verlängerung dieser gestaffelten Sanktionspakete. Andererseits wurde insbesondere in Deutschland viel von Dialog gesprochen, obwohl in der Realität kaum Dialog stattfand und auf vielen Ebenen Kontakte abbrachen. Letztendlich wurde in zahlreichen EU-Mitgliedstaaten die innere Logik des Autoritarismus in Russland unterschätzt, neo-imperiale Ansprüche wurden als verhandelbare Sicherheitsinteressen missverstanden, und die USA hatten Russland im Vergleich zur strategischen wirtschaftlichen Kooperation und dann zur politischen Konfrontation mit China zu früh in seiner Bedeutung zurückgestuft.

Trotz der EU- und US-Sanktionen seit 2014 sowie russischer Gegensanktionen wurden Russlands Prestigeobjekte Nord Stream I und II bewusst vorangetrieben und rhetorisch mit der Beschreibung «Wandel durch Handel» positiv konnotiert. Die hohe Energieabhängigkeit Deutschlands und anderer EU-Staaten wie Österreich, Italien und Ungarn von Russland wurde auf nationaler und letztlich auf EU-Ebene trotz der wachsenden politischen und wirtschaftlichen Konfrontation in Kauf genommen. Die damit verbundenen Sicherheitsbedenken der ostmitteleuropäischen Staaten und der Ukraine wurden kaum berücksichtigt. Zugleich waren Differenzen innerhalb der NATO und der EU deutlich zu erkennen, und die transatlantische Achse Europa-USA und der Zusammenhalt der NATO erschienen unter Präsident Donald Trump brüchig. Die Widersprüche in der westlichen Politik gegenüber Russland sowie offensichtliche interne Schwächen westlicher Institutionen signalisierten Russland einen größeren Handlungsspielraum.

Schrittweise Ausweitung des Krieges seit 2014

Die Tatsache, dass der Krieg gegen die Ukraine von der Krim-Annexion 2014 über den Donbas bis hin zur großflächigen Invasion schrittweise ausdehnte, erlaubte es Russland, seinen außenpolitischen Spielraum gegenüber dem Westen auszutesten, sich selbst im Zusammenhang mit den nach der Krim-Annexion und dem Donbas-Krieg verhängten westlichen Sanktionen Zeit für nötige Adaptionen zu geben und Unterstützung in der eigenen Bevölkerung aufzubauen bzw. eine Art Kriegsnormalität zu schaffen, die öffentlich kaum hinterfragt wurde. Die phasenhafte Erweiterung des Krieges ab 2014 führte auch bei der EU bzw. im Westen allgemein und sogar in der Ukraine zu gewissen Gewöhnungseffekten.

Vor dem Hintergrund dieser sieben interagierenden Dynamiken begann in den frühen Morgenstunden des 24. Februar 2022 auf Putins Befehl der breit angelegte Angriffskrieg auf die gesamte

Ukraine. Nach einem monatelangen massiven Truppenaufbau an der ukrainischen Grenze griff Russland die Ukraine vom Norden, Osten und Süden gleichzeitig an. Die Hauptstadt Kyjiw stand sofort als eines der Hauptziele unter Beschuss, ebenso die Großstadt Charkiw im Osten und Städte in der Zentralukraine und im Westen des Landes.

Der 24. Februar 2022 markierte sofort eine Zäsur in der europäischen Geschichte. Die Rede vom «Kriegsbeginn», die seitdem den deutschen und internationalen Diskurs dominiert, ist unzutreffend, denn Russland führt in der Ukraine bereits seit 2014 Krieg. Begriffe definieren den Rahmen des Sag- und Vorstellbaren. Daher sind auch über Februar 2022 hinaus weit verbreitete Bezeichnungen wie «Ukraine-Konflikt» oder «Ukraine-Krise» problematisch. Es ist kein Zufall, dass die Begriffe «Ukraine-Krise» und «Bürgerkrieg» im russischen Diskurs eine prominente Rolle spielen, suggerieren sie doch, dass die Ukraine ihre internen Probleme nicht bewältigen kann, während Russland unbeteiligt wirkt. Auch die in den westlichen Medien weiterhin häufig verwendete Bezeichnung «Ukrainekrieg» lenkt das Augenmerk auf einen Krieg in der Ukraine, der aber ohne den sofortigen Bezug auf Russland als ein interner Krieg bzw. Bürgerkrieg oder als ein Krieg, den die Ukraine (mit)verschuldet hat, missverstanden werden kann. Eine klare Benennung ist von essentieller Bedeutung: Russland führt in der Ukraine Krieg gegen die Ukraine.

Krieg lenkt die Aufmerksamkeit von Politik und Öffentlichkeit auf militärische Kapazitäten und Strategien. Daneben mag die empirische Erforschung von gesellschaftlichen und politischen Entwicklungen vor, während und nach einem Krieg mitunter als «weich» und sekundär erscheinen. Russlands Krieg gegen die Ukraine zeigt jedoch in aller Deutlichkeit, dass Identitäten, Transformationsprozesse, Geschichtspolitik und staatliche Diskurse keine Nebenschauplätze sind, sondern eine zentrale Rolle spielen.

Ukraine

2. Unabhängigkeit und Territorium

Die Geschichte der heutigen Ukraine ist maßgeblich von verschiedenen Imperien geprägt worden, u.a. von Polen-Litauen und vom Habsburger Reich im Westen, vom Krim-Khanat bzw. Osmanischen Reich im Süden, vom Russischen Reich im Süd- und Nordosten und in Teilen der Zentralukraine sowie durch die Sowjetunion auf dem gesamten heutigen Staatsgebiet. 1991 wurde die Ukraine in den Grenzen der Ukrainischen Sozialistischen Sowjetrepublik unabhängig. Die verschiedenen Imperien wirken in ihren strukturellen und kulturellen Hinterlassenschaften nach. Dabei kommen die ideellen Spuren der früheren Imperien zum Teil unter bzw. neben dem sowjetischen Erbe hervor. Die Geschichte der Ukraine erschließt sich uns als transregionale Verflechtungsgeschichte. So wurde die Idee der ukrainischen Nation im 19. Jahrhundert u.a. maßgeblich von transnational agierenden kulturellen Eliten aus der zum Zarenreich gehörenden Ostukraine im Umfeld der Universität Charkiw geprägt. Für die Entfaltung dieser Idee bot dann die Westukraine innerhalb des Habsburger Reiches das politisch offenere Umfeld. Im frühen 20. Jahrhundert bildete die Westukraine im Zusammenspiel mit der ukrainischen Diaspora in Nordamerika, die ihre nationale Identität in der Emigration zu formulieren begann, den Kern der Unabhängigkeitsbewegung – zunächst noch im Habsburger Reich, dann in der kurzlebigen Ukrainischen Volksrepublik am Ende des Ersten Weltkriegs. Auch in der Sowjetunion blieb die Idee der Unabhängigkeit eng mit der Westukraine verbunden.

In ihrer Fokussierung auf das Streben nach Unabhängigkeit unterscheidet sich die ukrainische Geschichtsschreibung nicht wesentlich von anderen nationalen Historiographien. Staatliche Unabhängigkeit verleiht der Geschichtsschreibung einen vermeintlich klaren Bezugspunkt, aber dieser sagt letztendlich nur begrenzt etwas über die heutige Staatlichkeit oder das Staatsterritorium in seinen international anerkannten Grenzen aus. Das Streben nach Unabhängigkeit wird in der ukrainischen Historiographie mitunter allzu gradlinig vom Mittelalter bis heute nacherzählt. Das mittelalterliche Großreich Kyjiwer Rus, dessen Anfänge auf das 9. Jahrhundert zurückgehen und sowohl von der Ukraine als auch von Russland als Wiege der Staatlichkeit und Kultur beansprucht werden, der Kosakenstaat (Hetmanat) des 17. Jahrhunderts und die Ukrainische Volksrepublik 1918–20 sind die wichtigsten Bezugspunkte in dieser Hinsicht.

Im Zusammenhang mit dem Ersten Weltkrieg und der Oktoberrevolution kam es zwischen 1917 und 1920 zu kurzen Phasen ukrainischer Autonomie bzw. Unabhängigkeit, zunächst als Teil der Politik Deutschlands und Österreich-Ungarns, und dann in unterschiedlichen Konfigurationen während des Bürgerkriegs, der auf die Oktoberrevolution folgte. Von Januar 1918 bis zur Einnahme durch die Rote Armee im Februar 1920 existierte die Ukrainische Volksrepublik, bevor sie 1922 als Ukrainische Sozialistische Sowjetrepublik in die Sowjetunion integriert wurde. Diese kurze Phase der Staatlichkeit und die Nationalitätenpolitik Lenins in der frühen Sowjetzeit stärkten die ukrainische nationale Identität sowohl durch die Förderung der ukrainischen Sprache und Kultur als auch durch die administrative Trennung der Ukrainischen und der Russländischen Sozialistischen Föderativen Sowjetrepublik.

Die Stalin-Ära ist für die Ukraine neben dem innerparteilichen stalinistischen Terror mit der großen, künstlich herbeigeführten Hungersnot (Holodomor) von 1932/33 verbunden, bei der mindestens drei bis vier Millionen Menschen ums Leben kamen – manche Schätzungen liegen noch viel höher. Stalins Politik der Kollektivierung der Landwirtschaft deckte sich hier mit dem Ziel, die ukrainische Nationalbewegung zu brechen. Die Anerkennung des Holodomor als Genozid ist ein zentraler

Bestandteil der ukrainischen Erinnerungskultur und Geschichtspolitik seit der Orangenen Revolution 2004. Der Zweite Weltkrieg war für die Ukraine ein weiterer tiefer Einschnitt. Timothy Snyder hat die Opferzahl in der von ihm als «Bloodlands» bezeichneten Region zwischen Zentralpolen und Westrussland – dazu gehören die Ukraine, Belarus und das Baltikum – unter der Nazi- und Sowjetherrschaft auf 14 Millionen beziffert. Im Geschichtsverständnis der Deutschen und Westeuropas allgemein ist nach wie vor nicht verankert, dass der Holocaust auch außerhalb Deutschlands stattfand und dass die sowjetischen Kriegsopfer nicht «nur» Russen und Russinnen waren. Erfahrungen des kollektiven Leids, der Repressionen und der Russifizierung zogen sich durch die ukrainische Sowjetgeschichte.

Zur imperialen Hinterlassenschaft der Sowjetunion gehören sowohl nachwirkende Traumata als auch die zumindest phasenweise Förderung oder Duldung der ukrainischen Sprache und Kultur sowie die administrativen Strukturen einer auf dem Papier als souverän definierten Sowjetrepublik. In ihren heutigen Grenzen wurde die Ukraine ab Ende 1991 zum ersten Mal in ihrer Geschichte dauerhaft unabhängig. Die westliche Grenze der Ukraine ist das Resultat sowjetischer Grenzziehung nach dem Zweiten Weltkrieg; ihre südliche Grenze nahm mit dem administrativen Transfer der Krim 1954 von der Russländischen Sozialistischen Föderativen Sowjetrepublik zur Ukrainischen Sowjetrepublik ihre heutige Form an. Die östliche Grenze der Ukraine – eine über 2000 Kilometer lange Grenze zu Russland – geht maßgeblich auf die Verhandlungen innerhalb der Kommunistischen Partei der Sowjetunion in den 1920er Jahren im Zusammenhang mit der Gründung der Sowjetunion zurück. Diese Grenze erschien zur Zeit der Desintegration der Sowjetunion am wenigstens kontrovers.

Die vom Parlament der Ukrainischen SSR verabschiedete Unabhängigkeitserklärung nach dem Augustputsch 1991 und die Legitimation dieses Schritts durch ein Referendum am 1. Dezember 1991 besiegelten das Ende der Sowjetunion und schufen eine klare Grundlage für den ukrainischen Staat. Im Referendum vom Dezember 1991 sprachen sich über 90 Prozent der abstimmenden Bevölkerung (knapp über 84 Prozent der wahlberechtigten Bevölkerung nahmen teil) für die staatliche Unabhängigkeit aus, darunter auch eine knappe Mehrheit von 54 Prozent auf der Krim und 57 Prozent in Sewastopol, einer Stadt mit militärisch-administrativem Sonderstatus. In den östlichen und südlichen Regionen wie Donezk, Charkiw und Odesa lag die Zustimmung bei zwischen 80 und 90 Prozent. Das Referendum mobilisierte breite Unterstützung für die Idee der Unabhängigkeit. Es gab regionale Unterschiede bei der Beteiligung am Referendum: Auf der Krim lag diese bei etwas unter 68 Prozent (in Sewastopol bei knapp unter 64 Prozent), in Odesa, Charkiw, Donezk und Luhansk beteiligten sich 75–80 Prozent, d.h., selbst im Südosten des Landes beteiligte sich eine beachtliche Mehrheit an dieser Grundsatzentscheidung.

Die Frage der Unabhängigkeit hat sowohl die Ukraine selbst als auch externe Beobachter und Beobachterinnen seit 1991 immer wieder beschäftigt. Mit dem Budapester Memorandum von 1994 garantierten Russland, die USA und Großbritannien der Ukraine ihre staatliche Souveränität und ihre territoriale Integrität in den Grenzen von 1991 im Gegenzug für ihren Beitritt zum Atomwaffensperrvertrag und die Überführung der in der Ukraine stationierten Atomwaffen aus der Sowjetzeit nach Russland. Mit Belarus und Kasachstan wurde ebenfalls je ein Memorandum abgeschlossen. Für die Ukraine war dieses Abkommen eine fundamentale, international verbriefte Sicherheitsgarantie, auch wenn ihre Rechtsverbindlichkeit ambivalent blieb. Mit der Krim-Annexion 2014 wurde das Memorandum hinfällig, als Russland die territoriale Integrität der Ukraine unterminierte und die Garantiestaaten dagegen nichts tun konnten oder wollten. Das Budapester Memorandum beinhaltete keinen Mechanismus für den Fall eines Disputs oder eines Angriffs auf das ukrainische Staatsgebiet.

Die größte interne territoriale Herausforderung für die unabhängige Ukraine war nach 1991 die politische Integration der Halbinsel Krim. Die Krim war die einzige Region, die in der zerfallenden Sowjetunion Anfang 1991 noch einen Autonomiestatus zugesprochen bekam. Vielerorts wurden formell bestehende

Autonomierechte eingefordert, an einigen Orten wurden regionale Autonomien im Kontext der Nationalbewegungen auf der Ebene der Sowjetrepubliken in Frage gestellt oder aufgehoben, was zu Gegenmobilisierung und Gewalt führte, so zum Beispiel in Abchasien und Südossetien. Eine sich konstituierende Autonomiebewegung auf der Krim wollte sich über den Status einer Autonomen Sozialistischen Sowjetrepublik (ASSR) innerhalb der Sowjetunion absichern und diesen an die Existenz der UdSSR binden. Im Januar 1991 ergab ein Referendum auf der Krim bei einer Beteiligung von knapp über 81 Prozent der Bevölkerung eine Mehrheit von über 90 Prozent der Abstimmenden für eine ASSR innerhalb der UdSSR. Stattdessen entschied der Oberste Sowjet der Ukrainischen Sozialistischen Sowjetrepublik im Februar 1991, die regionalen Autonomiebestrebungen über die Schaffung einer ASSR innerhalb der Ukrainischen Sowjetrepublik einzuhegen. Von diesem Kompromiss bestand allerdings nicht mehr als eine Worthülse, als die Sowjetunion wenige Monate später aufgelöst wurde. Dennoch bot dieser institutionelle, noch nicht definierte Rahmen einen Anknüpfungspunkt für die Verhandlungen über den Status der Krim innerhalb der unabhängigen Ukraine. Das Prinzip der Autonomie ist somit nicht so eindeutig mit Konflikt und Gewalt verbunden, wie oftmals behauptet wird. Auf der Krim hat sich in der Idee von Autonomie sowohl Konfliktpotenzial kristallisiert als auch einen Rahmen für Konfliktmanagement eröffnet.

Der letzten sowjetischen Volksbefragung von 1989 zufolge hatten 67 Prozent der insgesamt 2,4 Millionen Krimbewohner und -bewohnerinnen ihre «Nationalität» als russisch bezeichnet, 25,8 Prozent als ukrainisch und 1,6 Prozent als krimtatarisch. Darüber hinaus gab es zahlreiche weitere Minderheiten. Der krimtatarische Bevölkerungsanteil war schon durch die imperiale Politik des Russischen Reiches zurückgegangen: Ende des 19. Jahrhunderts machte ihr Anteil laut offizieller Statistik noch etwa ein Drittel der Krimbevölkerung aus, zu Beginn des Zweiten Weltkriegs nur noch knapp unter 20 Prozent. Die Deportation der gesamten krimtatarischen Bevölkerung durch Stalin im Jahr 1944 unter dem Vorwand der Kollaboration mit den deutschen Truppen und die auf die Deportation folgende Ansiedlung von Russen und Russinnen sowie Ukrainern und Ukrainerinnen veränderten die ethnische Zusammensetzung. Erst nach dem Zusammenbruch der Sowjetunion stieg der krimtatarische Bevölkerungsanteil mit der Rückkehrbewegung aus den Orten der Deportation dann wieder auf etwa 12 Prozent an.

1993 warnte die britische Zeitschrift *The Economist* vor einem «langen, erbitterten, möglicherweise blutigen und unter Umständen nuklearen Konflikt zwischen Russland und der Ukraine», der sich an der Krim entzünden könnte. Dieses apokalyptische Szenario war bereits damals überzeichnet, ruft aber in Erinnerung, dass es nach dem Ende der Sowjetunion reales Konfliktpotenzial gab. Das Konfliktpotenzial auf der Krim in den frühen 1990er Jahren hatte verschiedene Dimensionen: die Beziehungen zwischen der ukrainischen Regierung in Kyjiw, den regionalen politischen Institutionen in Simferopol und der separatistischen pro-russischen Bewegung, das Zusammenleben in der multiethnischen Region im Kontext der Massenrückkehr und ungeregelten Ansiedlung der krimtatarischen Bevölkerung sowie die bilateralen Beziehungen zwischen der Ukraine und Russland. Letztere bezogen sich zu diesem Zeitpunkt neben der generellen Anerkennung der ukrainischen Unabhängigkeit innerhalb der politischen Eliten Russlands auf die Aufteilung der Schwarzmeerflotte, deren Rolle für Russland von strategischer und historisch bedingter symbolischer Bedeutung war, die Überführung der auf dem Territorium der Ukraine stationierten sowjetischen Atomwaffen und die Abhängigkeit der Ukraine von subventionierten Energielieferungen.

Die Auseinandersetzung zwischen Kyjiw und Simferopol konzentrierte sich auf die Jahre 1992–95. Im Mai 1992 erklärte das regionale Parlament die «Krim-Republik» für unabhängig. Das Konzept der Unabhängigkeit blieb ambivalent: Die auf regionaler Ebene verabschiedete Verfassung bezeichnete die Krim weiterhin als Teil der Ukraine, versuchte aber zugleich die Beziehungen zwischen Kyjiw und Simferopol so zu regeln, als repräsentierten sie zwei souveräne Einheiten. Eine weitere, auf den Protest aus Kyjiw hin revidierte Krim-Verfassung sprach im Herbst 1992 bereits wieder von der «Autonomen Republik der Krim». Dennoch hatte sich die Krim ein eigenes Wappen und eine Flagge, deren Trikolore der Flagge Russlands ähnelte, gesichert. Im Januar 1994 wurde Juri Meschkow, einer der Anführer der aus verschiedenen Organisationen bestehenden prorussischen Bewegung, auf der Grundlage der neuen Verfassung zum Krim-Präsidenten gewählt. Unter seiner Führung erlangte der «Block Russland» auch bei den regionalen Parlamentswahlen im März/April 1994 die Mehrheit (54 von 98 Sitzen). Ein weiteres, von der Regierung in Kyjiw für ungültig erklärtes Referendum über mehr regionale Selbstständigkeit folgte im Mai 1994, woraufhin die in ihrem Anspruch am weitesten gehende Krim-Verfassung vom Mai 1992 erneut eingesetzt wurde. Auf Druck der ukrainischen Regierung nahm das Krim-Parlament bereits im Juni 1994 seine Entscheidung zurück. Ab dem Sommer 1994 verschärften sich die politischen Auseinandersetzungen zwischen dem Krim-Präsidenten Meschkow, der Boris Jelzin und nationalistische russische Abgeordnete mehrfach um Hilfe bat und sogar die Krim zeitweilig in die Moskauer Zeitzone verschob, und dem Krim-Parlament. Die separatistische pro-russische Bewegung begann in sich zu zerfallen.

Im September 1994 setzte der neue ukrainische Präsident Leonid Kutschma einen loyalen Regierungschef auf der Krim ein. Im März 1995 gewann Kyjiw endgültig die Oberhand: Das ukrainische Parlament hob die Krim-Verfassung von 1992 sowie eine Reihe von regional erlassenen Gesetzen und Dekreten offiziell auf, setzte Meschkow als Krim-Präsidenten ab und schaffte dieses Amt insgesamt ab. Meschkow wurde zum Verlassen der Krim gezwungen. Per Dekret unterstellte Präsident Kutschma die Krim in den folgenden Monaten der direkten Kontrolle der ukrainischen Präsidialverwaltung.

Vier Faktoren trugen dazu bei, dass das mit der Krim verbundene Konfliktpotenzial in den 1990er Jahren entschärft wurde: 1) der multiethnische Kontext der Krim, 2) die interne Schwäche der regionalen pro-russischen Bewegung, 3) die abwägende, Eskalation vermeidende Politik Kyjiws, 4) die fehlende aktive Unterstützung durch Russland unter Präsident Jelzin. Im Rückblick ist der letzte Punkt als der ausschlaggebende zu gewichten, auch wenn alle vier Faktoren eng miteinander verknüpft waren. Vor dem Hintergrund dieser Faktoren konnte eine politische Dynamik bei der Konfliktentschärfung an Signifikanz gewinnen: die ineinander verschränkten Prozesse der Verfassungsgebung auf nationaler und regionaler Ebene. Auch wenn die regionalen pro-russischen Kräfte bei ihren Versuchen scheiterten, über eigenmächtige Krim-Verfassungen ihren politischen Spielraum zu erweitern, so trugen sie dazu bei, dass Verfassungsverhandlungen das Hauptinstrument institutioneller Konfliktentschärfung wurden. Die ukrainische Verfassung von 1996 definierte die Ukraine als einen Unitarstaat mit 27 administrativen Einheiten, darunter 24 Gebiete *(oblasti)*, zwei Städte mit Sonderstatus (Kyjiw und Sewastopol) und die Autonome Republik der Krim. Die damalige ukrainische Regierung unter Präsident Kutschma zeigte also die nötige Flexibilität, die Autonomie der Krim in der ukrainischen Verfassung zu verankern, obwohl sie im Widerspruch zur Definition der Ukraine als Unitarstaat steht. Die Krim-Verfassung von 1998 beschrieb dann den Inhalt der Krim-Autonomie, die zwar inhaltlich schwach blieb, aber doch über eine bloße Symbolfunktion hinausging, so z. B. mit gewissen Garantien für die russische und krimtatarische Sprache neben der ukrainischen Staatssprache und der Möglichkeit, in der Region erhobene Steuern einzubehalten.

Die Multiethnizität der Krim und die im Alltag geteilte russische Sprache trugen dazu bei, eine klare ethnopolitische Polarisierung der Gesellschaft und Eliten zu verhindern. Die Dominanz der russischen Sprache auf der Krim ist das Resultat imperialer russischer und sowjetischer Siedlungs- und Kulturpolitik. Sowohl das sich in den Volksbefragungen 1989 und 2001 als «ukrainisch» definierende Viertel der Krimbevölkerung als auch die krimtatarische Bevölkerung, die ab 1991 aus den Orten ihrer Deportation in Zentralasien und Russland zurückkehrte, waren mehrheitlich russischsprachig. Stalins Deportation war mit einer umfassenden Russifizierung einhergegangen, auch wenn die Deportierten und ihre Nachfahren ihre Identifikation mit der krimtatarischen Sprache erhalten hatten und diese nach der Rückkehr neu erlernten. Die ukrainische Regierung gab der ukrainischen Sprache nach der Unabhängigkeit den in der Verfassung verankerten Status der alleinigen Staatssprache, sah aber zunächst davon ab, den russischen Sprachgebrauch zu regulieren. Insgesamt verhielt sich Kyjiw der Region gegenüber pragmatisch abwartend und signalisierte trotz einzelner angespannter Momente Interesse an einer politischen Aushandlung der zukünftigen Beziehungen zwischen Kyjiw und Simferopol. Hinzu kam die interne Schwäche der pro-russischen Bewegung auf der Krim, die sich u. a. durch ihre wirtschaftspolitische Inkompetenz in den Augen der regionalen Bevölkerung rasch diskreditierte.

Vor dem Hintergrund der schwachen internationalen Rolle Russlands und der internen Spannungen in der Russländischen Föderation unterstützte der damalige russische Präsident Boris Jelzin die pro-russische Bewegung auf der Krim nicht und erkannte somit die Zugehörigkeit der Krim zur Ukraine an. Einzelne russische Politiker, darunter Nationalisten wie Wladimir Schirinowski und der Moskauer Bürgermeister Juri Luschkow, hatten den Separatismus lautstark unterstützt, aber ihre Positionen wurden nicht zur Regierungspolitik. Angesichts der Tatsache, dass Jelzin die Souveränitätsbestrebungen auf der Ebene der Sowjetrepubliken, einschließlich der RSFSR, selbst forciert hatte, war er weder in der Lage noch willens, dieses Grundprinzip in Russland oder in der Ukraine nach dem Ende der Sowjetunion sofort in Frage zu stellen. Er konzentrierte sich zunächst auf die Auseinandersetzungen über die innere Verfasstheit Russlands. Hierzu gehörte die Arbeit an der Verfassung, Auseinandersetzungen über den Reformkurs, der Jelzin in eine gewaltsame Konfrontation mit dem Parlament brachte, sowie ein komplexer Verhandlungsprozess über die Beziehungen zwischen Moskau und den Subjekten der Russländischen Föderation mit ihren unterschiedlichen politischen, wirtschaftlichen und kulturellen Ansprüchen. Der erste Tschetschenienkrieg ab 1994 band innenpolitische Ressourcen und war zugleich ein abschreckendes Beispiel für Kyjiw und Simferopol. Außenpolitisch war Russland in dieser Phase zwar der offizielle Nachfolgestaat der Sowjetunion, aber wirtschaftlich und außenpolitisch schwach.

In den bilateralen Beziehungen ging es Jelzin in erster Linie um Stabilität. Zu seinen Prioritäten gehörte die Überführung der auf ukrainischem Territorium stationierten Atomwaffen auf der Grundlage des Budapester Abkommens von 1994. 1992 hatten sowohl Jelzin als auch der ukrainische Präsident Leonid Krawtschuk versucht, per Dekret die alleinige Kontrolle über die Schwarzmeerflotte zu übernehmen, einigten sich dann jedoch bis zur endgültigen Aufteilung auf ein Doppelkommando. In der Praxis führte dies zu einer Spaltung nach russischem bzw. ukrainischem Amtseid, was die Möglichkeit einer Konfrontation mit sich brachte. Die Flotte mit ihren Einrichtungen sollte je zur Hälfte an die Ukraine und Russland gehen; sukzessive «verkaufte» die Ukraine Teile ihrer Hälfte an Russland, erwirkte jedoch, dass Russland den Stützpunkt Sewastopol nur zur Miete erhielt.

Parallel zur innerukrainischen Verfassungsgebung fanden zahlreiche russisch-ukrainische Verhandlungsrunden statt, die die Aufteilung der Schwarzmeerflotte und den Rahmen der bilateralen Beziehungen regeln sollten. 1997 wurde der lange verhandelte, auch als «Großer Vertrag» bezeichnete «Vertrag über Freundschaft, Kooperation und Partnerschaft» von Kutschma und Jelzin in Kyjiw unterzeichnet. Er trat 1999 nach der verzögerten Ratifizierung durch das russische Parlament in Kraft. Der Vertrag galt zunächst für 20 Jahre und war mit einer Verlängerungsoption versehen. Mit diesem Vertrag erkannten beide Seiten erneut gegenseitig ihre territoriale Integrität an – diese wurde 2003 in einem bilateralen Grenzvertrag und einem Abkommen über die gemeinsame Nutzung des Asowschen Meeres weiter abgesichert – und formulierten Absichtserklärungen in Bezug auf ihre Kooperation in sicherheitspolitischen und kulturellen Fragen. Russland verpflichtete sich zu Nutzungsgebühren für den Standort Sewastopol, die in der Praxis mit den ukrainischen Gasschulden verrechnet wurden. 2010 wurde der Vertrag neu verhandelt und dehnte den Zeitraum für die Nutzung des Flottenstützpunkts durch Russland im Gegenzug für die von Kyjiw dringend benötigten Preisnachlässe auf Gaslieferungen bis zum Jahr 2042 aus. Diese Neuverhandlung war politisch kontrovers, da die ukrainische Exekutive die Diskussion bewusst begrenzt hielt, sie aber für verschiedene Fraktionen im Parlament und für Teile der Gesellschaft zu weit in Richtung einer permanenten Stationierung ausländischer Truppen auf ukrainischem Gebiet ging.

Auch wenn das Konfliktpotenzial um die Aufteilung der Schwarzmeerflotte und den institutionellen Status der Krim entschärft wurde, so blieben andere Herausforderungen bestehen, insbesondere die Integration der Krimtataren und die wirtschaftliche Entwicklung der Halbinsel. Politisch wurde die Region ab 1998 rasch zu einem festen Bestandteil des Südostens der Ukraine. Die Krim-Bevölkerung beteiligte sich regelmäßig an den regionalen und nationalen Wahlen und fand sich in den im Süden und Osten des Landes dominierenden Bewegungen und Parteien wieder. Neue separatistische Bewegungen gab es vor 2014 weder auf der Krim noch im Osten der Ukraine, obwohl dies in der offiziellen russischen Staatsrhetorik heute anders dargestellt wird.

Die historisch bedingte regionale Vielfalt ist eines der Hauptmerkmale des ukrainischen Staates. In ihr spiegeln sich zahlreiche (post)imperiale Verflechtungen, so zum Beispiel auf der Ebene der wirtschaftlichen Beziehungen oder persönlichen Kontakte. Die regionale Vielfalt und ihre politische Relevanz sind häufig missverstanden worden. Dort, wo die Ukraine überhaupt in der öffentlichen Debatte präsent war, erschien sie als ein anhand von kulturellen Merkmalen in Ost und West gespaltenes Land. Ein komplexeres Bild regionaler Diversität wurde hier oft auf ethnische und sprachliche Unterschiede zwischen sich als «ukrainisch» oder «russisch» definierenden bzw. zwischen ukrainischsprachigen oder russischsprachigen ukrainischen Staatsbürgern und Staatsbürgerinnen reduziert. Insgesamt sind die weit über eine Zweiteilung des Landes hinausgehenden regionalen Unterschiede und die sich mit ihnen verbindenden Identitäten und Interessen diffuser, durchlässiger und weniger konfliktbehaftet gewesen als von außen betrachtet angenommen.

Über die offizielle administrative Gliederung der Ukraine in 24 Regionen *(oblasti)*, die Autonome Republik der Krim und der Städte Kyjiw und Sewastopol hinaus existieren unterschiedliche regionale Klassifizierungen. Ein weit verbreiteter Standard ist die Unterscheidung zwischen vier «Makroregionen» in Umfragen: Westen, Zentralukraine, Süden und Osten. Weitere Unterscheidungen innerhalb der Makroregionen können jedoch sinnvoll sein, so z. B. zwischen ländlichen und urbanen bzw. industriellen Standorten im Süden oder Osten des Landes. Je nach Fragestellung haben auch nördliche Regionen eine sichtbare Rolle gespielt, obwohl sie bisher nur selten separat hervorgehoben wurden. Grenzregionen sind wiederum durch eigene Dynamiken gekennzeichnet. Die Westgrenze der Ukraine ist eine EU-Außengrenze. Die EU regelt hier die Mobilität der Bevölkerung und schränkt sie im Vergleich zur Situation vor der ersten EU-Osterweiterung 2004 ein. Im Süden begrenzte die Krim-Annexion 2014 die persönlichen Beziehungen der Menschen zwischen der Krim und den angrenzenden *oblasti* auf ein Minimum. Darüber hinaus grenzt die Ukraine an den De-facto-Staat Transnistrien, der sich mit Russlands Unterstützung 1992 gegen die moldauische Nationalbewegung stellte, die den Status der Region mit ihren kulturellen, wirtschaftlichen und sicherheitspolitischen Besonderheiten nicht anerkannte. Seitdem unterhielt Transnistrien ein komplexes Beziehungsgeflecht sowohl nach Russland als auch zum Rest des moldauischen Staats. In Transnistrien steht seit dem Ende der Sowjetunion ein russisches Truppenkontingent. Bisher wurde diese Grenze für die Ukraine vor allem durch illegalen Handel zum Problem. Vor dem Hintergrund des russischen Angriffskrieges auf die gesamte Ukraine verstärkte sich die Sorge, dass Russland versuchen könnte, Transnistrien als Stützpunkt zu nutzen bzw. einen Korridor durch die Ukraine bis nach Transnistrien zu erobern. Im Osten war die über 2000 Kilometer lange ukrainisch-russische Grenze lange Zeit durchlässig. Mit dem Krieg im Donbas seit 2014 wurde sie zu einem sicherheitspolitischen Risiko für die Ukraine und für Europa insgesamt. Die im Minsker Abkommen verhandelte Waffenstillstandslinie («Kontaktlinie») trennte seit

2014 den Donbas in zwei Teile und versperrte der Ukraine so den Zugang zu Teilen der östlichen Staatsgrenze.

Regionen sind ein wichtiger Bestandteil der ukrainischen Politik. Doch die politischen Präferenzen der Bevölkerung sind nicht durch ethnische, linguistische oder sozioökonomische Charakteristika der Regionen festgelegt. Sie bleiben flexibel und können je nach Kontext einheitlicher oder diverser ausfallen. In der Westukraine spielten in der Zeit nach dem Zusammenbruch der Sowjetunion mit der ukrainischen Nationalbewegung verbundene Parteien und Ideen eine wichtige Rolle, während im Osten der Ukraine eher sozioökonomische Faktoren lokale Identitäten und Wahlergebnisse prägten. Regionen funktionierten in der Ukraine nicht als monolithische Akteure, und die Interessen von politischen und wirtschaftlichen Eliten variierten meist sowohl in als auch zwischen den Regionen.

Seit der Unabhängigkeit der Ukraine hatte das Wahlverhalten der ukrainischen Bevölkerung in Wahlen auf nationaler Ebene – mit Ausnahme der Präsidentschaftswahl 2019, aus der Wolodymyr Selenskyj als eindeutiger Sieger hervorging – deutliche regionale Muster gezeigt. Diese spiegelten unterschiedliche politische Präferenzen und gesellschaftliche Sorgen, u.a. in Bezug auf politische und wirtschaftliche Reformen, Beziehungen zur NATO, zur EU oder zur von Russland dominierten Eurasischen Wirtschaftsunion (bzw. ihr vorangegangenen wirtschaftlichen Integrationsversuchen). Sie ließen sich jedoch nicht auf diese Themen reduzieren und stellten die staatliche ukrainische Unabhängigkeit nicht in Frage. Im wiederholten zweiten Wahlgang im Kontext der Orangenen Revolution von 2004 wurde diese elektorale Spaltung besonders deutlich: 16 aneinandergrenzende *oblasti* in der West- und Zentralukraine und Kyjiw wählten den «orangenen» Kandidaten Wiktor Juschtschenko, während 8 benachbarte *oblasti* im Süden und Osten sowie Sewastopol für den «blauen» Kandidaten Wiktor Janukowitsch stimmten. Insbesondere der Osten und Süden der Ukraine wurde in Wahlen auf der nationalen Ebene bis 2019 von jeweils ein bis zwei Parteien dominiert, die ein Konglomerat aus wirtschaftlichen Interessen einflussreicher regionaler Oligarchen repräsentierten. Unter Präsident Wiktor Janukowitsch – vor dem Euromaidan 2013/14 – war dies die Partei der Regionen, die sich in den Oppositionsblock verwandelte, von dem sich wiederum die «Oppositionsplattform – Für das Leben» als dominante Kraft abspaltete.

Diese Parteien sind nicht mit dem Begriff «pro-russisch» zu fassen, obwohl sie in der westlichen Debatte bis heute fast durchgängig so bezeichnet werden. Das Adjektiv «pro-russisch» legt den Akzent auf Fragen der ethnischen Identität bzw. der Sprachpraxis und einer daraus abgeleiteten außenpolitischen Orientierung, obgleich diese Identitäten für diese Parteien eine sekundäre Rolle spielten (s. Kapitel 6). Insbesondere seit dem Krieg im Donbas, aber auch im Zuge der engeren wirtschaftlichen Beziehungen zur EU richteten einige Oligarchen ihre wirtschaftlichen Beziehungen pragmatisch in verschiedene Richtungen aus. Die kulturellen Fragen waren für diese Interessengruppen vor allem politische Instrumente.

In den Kommunalwahlen hat sich die regionale Spaltung insbesondere seit 2015 zugunsten eines bunteren parteipolitischen Bildes verändert. Auch wenn der Oppositionsblock bzw. die «Oppositionsplattform – Für das Leben» in vielen Kommunen im Süden und Osten des Landes die stärkste Kraft in den Lokalversammlungen blieb, so lagen knapp dahinter oftmals Parteien, die traditionell in der West- oder Zentralukraine verortet waren. Dieser Trend setzte sich in den Kommunalwahlen 2020 fort und führt – verstärkt durch die neuen Anreize der Dezentralisierungsreformen – zu neuen Interaktionen, die die scheinbar festen regionalen Trennlinien von unten zu hinterfragen beginnen.

Auch wenn die Bezeichnungen «pro-russisch» und «pro-westlich» bei Parteien und Präsidentschaftskandidaten und -kandidatinnen schon immer zu kurz griffen, gab es doch regionale Unterschiede in der außenpolitischen Orientierung der Bevölkerung. Diese regionalen Unterschiede sind mit der Zeit geringer geworden. Der Euromaidan und die auf ihn folgende Politik, die die Integration in die EU und NATO offiziell zum Ziel erklärte, und Russlands Krieg seit 2014 haben engere Beziehungen zur EU – in Umfragen oftmals abgefragt als Unterstützung für den EU-Beitritt in einem Referendum – zu einem regionenübergreifenden Konsens gemacht. Bis Ende 2019 sprachen sich einer Reihe vergleichbarer Umfragen zufolge etwa 60 Prozent in der gesamten Ukraine für den Beitritt zur EU aus (im Laufe des Jahres war der Zuspruch um ca. 10 Prozent gestiegen). Im Osten und Süden des Landes lag der Zuspruch Ende 2019 bei 30 bzw. 40 Prozent. Im Vergleich standen Ende 2019 insgesamt nur etwa 10–15 Prozent der Integration in die Eurasische Wirtschaftsunion positiv gegenüber (Anfang des Jahres noch knapp 25 Prozent, im Osten und Süden etwa 35 Prozent). Kurz vor Russlands Angriff auf die gesamte Ukraine lag die Zustimmung zur EU-Integration bei 67 Prozent (KIIS Dezember 2021). Selbst im Südosten sprachen sich 54 Prozent dafür aus, verglichen mit 76 Prozent im Westen und in der Zentralukraine. Engere Beziehungen zur NATO waren lange Zeit ein kontroverseres Thema als die Annäherung an die EU. Die alternative Vorstellung einer neutralen Ukraine wurde durch Russlands Krieg unattraktiv. Seit Kriegsbeginn 2014 hatte die Unterstützung für eine NATO-Mitgliedschaft der Ukraine vor allem im Südosten des Landes deutlich zugenommen. In Selenskyjs Heimatregion Dnipropetrowsk war der Anstieg besonders signifikant. Ende Dezember 2021 hielten sich in dieser Frage im Südosten Zuspruch und Ablehnung mit etwa 40 Prozent die Waage, während die Zustimmung in der Westukraine bei etwa 70 Prozent lag und insgesamt etwa 59 Prozent der ukrainischen Bevölkerung für eine Integration in die NATO Position bezogen (KIIS Dezember 2021).

Auch wenn Themen wie die Förderung der ukrainischen Sprache sowie der Status der russischen Sprache in Präsidentschaftswahlen je nach Herkunft und parteipolitischer Anbindung der Kandidaten und Kandidatinnen im Wahlkampf regelmäßig eine Rolle spielten, so musste jeder ukrainische Präsident nach den Wahlen die unterschiedlichen Interessen und Identitäten im Land ausbalancieren. Auf diese Weise kann Diversität auch potentiell destabilisierende Politikansätze einhegen. Lange Zeit wurde der Sprachgebrauch über die verfassungsrechtliche Verankerung als Staatssprache hinaus nicht gesetzlich geregelt. 2012 wurde unter Präsident Janukowitsch ein Sprachengesetz verabschiedet, das auf regionaler und lokaler Ebene die Möglichkeit schuf, bei einer Minderheit von über 10 Prozent den Status einer Regionalsprache anzuerkennen. Einige Regional- und Gemeinderäte machten von dieser Option Gebrauch. Neben der russischen Sprache im Südosten der Ukraine traf diese Regelung auch auf Ungarisch, Moldauisch und Rumänisch in den westlichen Grenzregionen zu. Es kam zu Protesten gegen das Gesetz, das nach dem Euromaidan zunächst ausgesetzt wurde, dann aber wieder in Kraft trat und erst 2018 vom Verfassungsgericht gekippt wurde. An seine Stelle trat 2019 ein noch unter Präsident Petro Poroschenko, dem Vorgänger Selenskyjs, ausgearbeitetes neues Sprachengesetz, das in allen Staatsämtern und im öffentlichen Sektor, einschließlich dem Bildungs- und Gesundheitssektor, den Gebrauch der ukrainischen Sprache festschrieb. Darüber hinaus zielte das Gesetz auch darauf ab, die Präsenz des Ukrainischen in den Medien, auf dem Buchmarkt, in der Industrie und im Dienstleistungssektor zu verstärken, ohne den Gebrauch des Russischen jedoch zu verbieten. Die gesetzliche Förderung der ukrainischen Sprache erfolgte spät und teilweise – im Gegensatz zur offiziellen Rhetorik Russlands, die von systematischer Diskriminierung der russischsprachigen Bevölkerung der Ukraine sprach.

Die Präsidentschaftswahl 2019 war die erste Wahl auf nationaler Ebene, die die regionale Spaltung aufhob. Im zweiten Wahlgang konnte Selenskyj überall – bis auf eine Ausnahme im westukrainischen Galizien – gegen den Amtsinhaber Poroschenko eine deutliche Mehrheit erzielen. Selenskyj hatte es bewusst vermieden, ein konkretes Wahlprogramm zu formulieren, vermochte es jedoch, die Stimmung in der Gesellschaft besser zu lesen als sein politikerfahrener Rivale. Er benannte Korruptionsbekämpfung und Frieden als seine übergeordneten Ziele. Selenskyj stammt aus Kriwij Rih, einer Stadt in der Region Dnipropetrowsk, sprach im Wahlkampf noch fast ausschließlich Russisch und thematisierte bewusst die sprachliche, ethnische und regionale Vielfalt der Ukraine. Seine inklusive Botschaft richtete sich an die gesamte Bevölkerung der Ukraine, einschließlich der Krim und der besetzten Gebiete des Donbas.

Im Gegensatz zu diesem Ansatz verengte Amtsinhaber Poroschenko mit seinem Wahlslogan «Armee, Sprache, Glauben» die ukrainische Identität bewusst und betonte die ukrainische Sprache und die neue, vom Moskauer Patriarchat unabhängige Ukrainische Orthodoxe Kirche. Darüber hinaus stand Poroschenkos Politik für den Abbruch wirtschaftlicher und infrastruktureller Verbindungen zum nicht von Kyjiw kontrollierten Donbas und zur Krim. Selenskyjs Wahl 2019 und die absolute Mehrheit für seine neue Partei «Diener des Volkes» in vorgezogenen Parlamentswahlen im Sommer 2019 zeigten neben der Frustration der Bevölkerung über schleppende Reformen, Korruption und Krieg einen gesellschaftlichen Konsens im ukrainischen Selbstverständnis.

In seiner im ganzen Land bekannten Fernsehserie «Diener des Volkes» hatte Selenskyj vor seinem Wechsel in die Politik einen Lehrer gespielt, der unverhofft Präsident wird und versucht, dem korrupten System eine bürgernahe Politik entgegenzusetzen. Selenskyjs mangelnde politische Erfahrung ist immer wieder von seinen innenpolitischen Gegnern und in der internationalen Berichterstattung betont worden. Unterschätzt wurde dabei jedoch, welchen tiefen Einblick in das lokale Stimmungsbild verschiedener Landesteile er mit seiner Arbeit als Schauspieler, Produzent und Miteigentümer einer Produktionsfirma gewinnen konnte. Diese Erfahrungen und das aus ihnen resultierende Gespür für die gesellschaftliche Stimmung sind ein nicht zu unterschätzender Teil seines Wahlerfolgs und letztendlich auch seiner Authentizität als Kriegspräsident.

Der Begriff «nationale Identität» klingt groß und abstrakt zugleich und wird im (post-)kolonialen Blick auf Osteuropa meistens auf ethnische Kriterien verkürzt. Identitäten sind jedoch kein statisches Phänomen. In der Praxis heißt dies, dass jeder Mensch verschiedene Identitäten gleichzeitig hat. Je nach Kontext können unterschiedliche Identitäten für einzelne Menschen oder eine Gemeinschaft von größerer Bedeutung sein, andere überlagern oder sich neu ordnen. In den Geistes- und Sozialwissenschaften wird unter dem Begriff «nationale Identität» zwischen ethnischen und staatszentrierten Identitäten unterschieden (die englischen Begriffe *ethnic/civic identity* drücken diesen Unterschied prägnanter aus). Eine Fokussierung auf ethnische Kriterien ist im Kern exklusiv und definiert kulturelle Grenzen zwischen Individuen und Gruppen, während eine am Prinzip der Staatsbürgerschaft festgemachte Identität vom Ansatz her inklusiver ist und den Akzent auf die aktive Beteiligung am Staatswesen legt. Auf Staatsebene und auf der Ebene von Individuen können Identitäten zwischen beiden Polen oszillieren.

Identitäten werden oft von außen zugeschrieben, sind jedoch empirisch nicht einfach zu erfassen. Menschen beschreiben ihre Identität häufig nicht mit den von der Wissenschaft verwendeten Begriffen. Meinungsumfragen stilisieren Identitäten und laufen Gefahr, die Befragten in für sie künstliche Kategorien aufzuteilen, insbesondere wenn es keine Möglichkeiten gibt, mehrere Identitäten in einer persönlichen Rangliste oder als gemischte Identitäten anzugeben. Somit hängt unser Bild von Diversität in der Ukraine stark von der jeweiligen empirischen Grundlage ab. Während der letzte offizielle Zensus in der Ukraine (2001) die Befragten noch zu einer Entscheidung zwischen ukrainischer und russischer «Nationalität» zwang, erlauben viele Umfragen heute durch zusätzliche gemischte Kategorien (z. B. «russische und ukrainische Nationalität» «Ukrainisch und Russisch als Muttersprache») mehr Flexibilität. Der Eindruck einer gespaltenen Gesellschaft geht somit auch auf dichotomisierende Kategorien in Umfragen zurück.

Der Begriff «Nationalität» *(natsional'nist')* war in der sowjetischen Praxis die Kategorie, die der ethnischen Herkunft am nächsten kam und von der Elterngeneration abgeleitet wurde. Im letzten offiziellen Zensus von 2001 gaben 77,8 Prozent ihre Nationalität als ukrainisch und 17,3 Prozent als russisch an. Insgesamt benannten 67,5 Prozent Ukrainisch als ihre Muttersprache und 29,6 Prozent Russisch. Im Vergleich zur letzten sowjetischen Volkszählung aus dem Jahr 1989 ging der Trend bereits in Richtung der «ukrainischen» Antwortkategorien. Mit der Zeit hat sich dieser Trend noch verstärkt, und die Zahl derer, die Russisch als Muttersprache benannten, lag bis Ende 2021 in der Regel zwischen 10 und 20 Prozent. Der Begriff

«Nationalität» wird bis heute regelmäßig in Befragungen eingesetzt, aber die Interpretation ist mit der Zeit ambivalenter geworden: Aus Fokusgruppendiskussionen, Einzelinterviews und Umfrageexperimenten mit verschiedenen Antwortkategorien wissen wir, dass die Bedeutung von «Nationalität» sich verschoben hat und inzwischen ethnische und staatszentrierte Interpretationen vermischt. Eine Gleichsetzung von «Nationalität» mit ethnischer Identität ist somit problematisch. Auch die Übersetzung des Begriffs *national'nist'* ist ungenau: Im Deutschen ist «Nationalität» ethnisch konnotiert; im Englischen steht «nationality» für Staatsbürgerschaft. Die fehlende Trennschärfe der Begrifflichkeiten hat unmittelbare Auswirkungen auf unser Verständnis komplexer Identitäten.

Ähnlich problematisch ist die Standardkategorie «Muttersprache». Diese Kategorie ist, wie Befragungen über längere Zeiträume zeigen, in erster Linie eine symbolische Kategorie und somit eng mit dem Identitätsverständnis der Befragten verknüpft. Anders als in staatlichen Volksbefragungen wurde in Meinungsumfragen zunehmend zwischen Muttersprache und alltäglicher Sprachpraxis unterschieden, wobei Antworten auf beide Fragen bilinguale Antwortkategorien erfordern. In Umfragen mit dieser Option identifizierte sich vor 2022 etwa ein Fünftel der Bevölkerung mit verschiedenen Abstufungen von ukrainisch-russischer Bilingualität mit der russischen «Muttersprache». Hier wird eine kontextabhängige Bandbreite von passiver bis aktiver Bilingualität greifbar, die außerhalb der Ukraine bisher kaum wahrgenommen wurde und im Alltag nicht so konfliktbehaftet war wie oft angenommen. Darüber hinaus sind Sprachidentität bzw. -praxis und ethnische Kriterien nicht deckungsgleich. Über die drei Jahrzehnte der Unabhängigkeit ist eine neue Generation in der ukrainischen Sprache sozialisiert worden, ohne dass die russische Sprache aus dem Alltag im Süden und Osten des Landes oder der Hauptstadt Kyjiw verdrängt wurde. Manche wechselten zwischen Russisch im Familienalltag und Ukrainisch im Schul- oder Arbeitskontext hin und her, andere kommunizierten konsequent in einer der beiden Sprachen, unabhängig davon, ob ihr Gegenüber Ukrainisch oder

Russisch sprach. Und wiederum andere trafen eine bewusste Entscheidung, in ihrem Alltag mehr Ukrainisch zu sprechen. Der Krieg hat diesen Trend verstärkt, obgleich in der jetzigen Situation auch sehr deutlich wird, dass die Identifikation mit dem ukrainischen Staat und der Widerstand gegen die russische Invasion nichts mit der gesprochenen Sprache zu tun haben. Die Bedeutung einer inklusiven, an den ukrainischen Staat in seinem Territorium von 1991 gekoppelten Identität ist beständig gewachsen und seit mehreren Jahren die dominante Identitätskategorie in soziologischen Umfragen. Die genaue Abgrenzung von anderen Identitäten bleibt unscharf, aber der Trend ist unbestritten. Er drückt Zugehörigkeit zu einem von Diversität geprägten Land aus, das sich in seiner politischen Entwicklung immer stärker bewusst von Russland abgegrenzt hat.

3. Protest und Transformation

Die Geschichte einer Transformation lässt sich auf unterschiedliche Weise erzählen. Häufig stehen dabei Institutionen, Eliten und Wahldynamiken im Vordergrund. In der Ukraine bietet der enge Zusammenhang von Protest und Transformation einen alternativen Einstieg, der die Gesellschaft zur Hauptfigur macht. Die Transformation der Ukraine seit 1991 ist durch mehrfache Zyklen von Massenprotesten gekennzeichnet. Momente der Massenmobilisierung sind generell selten; umso bedeutender ist eine Ballung solcher Momente. Mit ihnen verbinden sich Hoffnungen und Enttäuschungen, persönliche Erfahrungen mit politischer Teilhabe und aktivistische Netzwerke, die oftmals den Moment der Proteste überdauern. Ein Massenprotest macht die nächste Protestwelle wahrscheinlicher, insbesondere wenn die Regierung politische Opposition nicht systematisch unterdrückt. Diese Wahrscheinlichkeit ist jedoch nicht dasselbe wie eine genaue Vorhersage zukünftiger Proteste, und auch eine erhöhte Wahrscheinlichkeit sagt wenig über den genauen Zeitpunkt, an dem sich Unmut in breiter gesellschaftlicher Mobilisierung entlädt. Selbst eine schwere wirtschaftliche Krise führt nicht automatisch zu Massenprotesten, sondern braucht einen Auslöser, der Teile der Gesellschaft mobilisiert. Mitunter wirkt der eigentliche Auslöser willkürlich, da es viele ähnliche Momente bereits zuvor gegeben hat bzw. vergleichbare Momente dieselbe Kraft hätten entfalten können. Häufig hängt der Auslöser auch mit einem politischen Fehler der Regierung zusammen, die die Reaktion der Gesellschaft unterschätzt. Massenproteste sind heutzutage ein überwiegend urbanes Phänomen. Ihre Forderungen nach Veränderung konzentrieren sich meist auf einen Machtwechsel an der Spitze des politischen Systems, obwohl dieser Reformen oftmals nur begrenzt umzusetzen vermag. Über ihren unmittelbaren politischen Effekt hinaus prägen Momente der Massenmobilisierung die Gesellschaft, so z. B. das Interesse für Politik, Erwartungshorizonte, politisches und soziales Engagement sowie persönliche und organisatorische Netzwerke.

In der Gorbatschow-Ära gehörte die Ukraine zu den Sowjetrepubliken, in denen Menschen für Reformen und Unabhängigkeit auf die Straße gingen. Die Tschernobyl-Reaktorkatastrophe 1986 und der Versuch der sowjetischen Führung, das Ausmaß des Unfalls zu vertuschen, setzten Protestbereitschaft frei und stärkten die Unabhängigkeitsbewegung. Im Januar 1990 bildeten Hunderttausende eine Menschenkette von Lwiw nach Kyjiw. Sie knüpften dabei an den «Baltischen Weg» an, der sich bereits im August 1989 durch Estland, Lettland und Litauen gezogen und dem Drang nach Unabhängigkeit Ausdruck verliehen hatte. Die von der ukrainischen Studierendenbewegung getragene «Revolution auf Granit» im Herbst 1990 war der erste große Protest auf dem zentralen Platz in Kyjiw, der damals noch nach der Oktoberrevolution benannt war und heute als Platz der Unabhängigkeit *(Maidan Nesaleschnosti)* bekannt ist. Er prägte eine Protestkultur, zu der ein Zeltlager und eine künstlerische Ästhetik gehörten, die in späteren Protesten aufgenommen und weiterentwickelt wurden. Parallel zu den Protesten und Hungerstreiks der Studierenden nahmen Zehntausende von Menschen an Solidaritätsmärschen und nationalen Streikbewegungen teil.

Nach zwei Wochen trat der amtierende Vorsitzende des Ministerrats der Ukrainischen SSR, Witalij Masol, zurück. Die Protestierenden forderten darüber hinaus neue Parlamentswahlen, eine Garantie, dass Ukrainer nur mit ihrer Zustimmung ihren Militärdienst außerhalb der Ukrainischen SSR zu absolvieren hatten, die Gründung einer Kommission für die Nationalisierung des Besitztums der Kommunistischen Partei der UdSSR und der Jugendorganisation Komsomol auf dem Territorium der Ukrainischen SSR sowie die Nichtunterzeichnung des neuen Unionsvertrags, mit dem Gorbatschow die Sowjetunion ohne die baltischen Staaten in eine Art Konföderation zu überführen hoffte.

Die letzte Regierung der Ukrainischen Sowjetrepublik bereitete die Bevölkerung gezielt auf die Unabhängigkeit vor und legitimierte diese «von unten». Das Referendum am 1. Dezember mit seinem gesamtgesellschaftlichen Mehrheitsvotum hatte eine mobilisierende Wirkung und schuf einen gemeinsamen Referenzpunkt für die Zeit danach. Das politische System der Ukraine oszillierte zwischen 1991 und 2013 auf der Skala politischer Systeme zwischen einer nicht konsolidierten Demokratie und Ausprägungen des Semi-Autoritarismus. Die Vollmachten von Exekutive und Legislative blieben lange Zeit umstritten, und die Verfassung von 1996 verankerte einen Kompromiss, der in seiner bewussten Ungenauigkeit weitere institutionelle Konflikte bedingte. Die Dekretvollmachten des Präsidenten, die ungenaue Aufgabenverteilung zwischen Präsident und Regierung und die Schwäche des Parlaments gegenüber der Exekutive behinderten die Transformation der Ukraine und ermöglichten oligarchischen Interessen weitreichenden politischen Einfluss. So wurde zum Beispiel die Energieabhängigkeit von Russland ein lukratives Geschäft für ukrainische Wirtschaftseliten. Unter Präsident Leonid Kutschma (1994–2004) näherte sich das politische System immer mehr dem Typus des «kompetitiven Autoritarismus» an. Dieser von den Politikwissenschaftlern Steven Levitsky und Lucan Way geprägte Begriff lenkt die Aufmerksamkeit darauf, dass autoritäre Systeme von Demokratien lernen und bewusst Teilelemente kopieren, um sie flexibel für den eigenen Systemerhalt einzusetzen. Kompetitive, aber dennoch unfreie und unfaire Wahlen sind das Markenzeichen dieser Systeme. Es gelten somit nicht dieselben Spielregeln für alle, aber zu den Wahlen werden vermeintlich kontrollierbare Alternativen zugelassen. Daraus ergibt sich zumindest ein Restrisiko für die Machthabenden. Dieses Risiko kann sich bei ersichtlicher Wahlmanipulation zu einer Massenmobilisierung gegen den gefälschten Ausgang einer Wahl bzw. gegen die Repressionen im Nachgang einer Wahl ausweiten. Die Orangene Revolution von 2004 veranschaulicht dieses Szenario. Am Beispiel der Ukraine lässt sich darüber hinaus nachvollziehen, wie Protestwellen entstehen, wie sie über Personen und Ideen verknüpft sind und aufeinander aufbauen und wie sie die Gesellschaft langfristig prägen.

Zu den größten Protestwellen, die Netzwerke, politische Koalitionen sowie Erwartungen und Ansprüche ausbauten, gehörte der «Ukraine ohne Kutschma»-Protest. Ende November 2000 machte Oleksandr Moroz, der Vorsitzende der Sozialistischen Partei, im Parlament *(Werchowna Rada)* eine Audioaufnahme öffentlich, die Hinweise darauf lieferte, dass Kutschma selbst den Mord an dem investigativen Journalisten Georgiy Gongadze angeordnet hatte. «Kutschmagate» wurde zum Auslöser von Straßenprotesten, auf denen der Rücktritt des Präsidenten gefordert wurde. Das Protestzeltlager blieb knapp zwei Wochen auf dem Maidan, dann wurde den Protestierenden kurz vor Silvester der Zugang zum Platz versperrt. Mitte Januar 2001 folgte die zweite Phase der «Ukraine ohne Kutschma»-Proteste. Zahlenmäßig war dies der bisher größte Protest mit über 100 000 Menschen, die gegen das korrupte politische System und die Vernachlässigung ihrer sozioökonomischen Bedürfnisse aufbegehrten. Der Innenminister und der Chef des Sicherheitsdienstes traten zurück, während Kutschma sich im Amt halten konnte. Zumindest sah er sich aber nicht mehr in der Lage, sein umstrittenes Referendum aus dem Vorjahr umzusetzen, das ihm eine verlängerte Amtszeit ermöglichen sollte. Die aufgestaute gesellschaftliche Unzufriedenheit entlud sich bei der nächsten Gelegenheit, die sich im Zusammenhang mit den nächsten regulären Wahlen im Herbst 2004 bot.

Die manipulierten Präsidentschaftswahlen im Oktober/November 2004, mit denen Kutschma Wiktor Janukowitsch als seinen Nachfolger ins Amt hieven und seine persönliche Immunität absichern wollte, wurden von der Bevölkerung nicht mitgetragen. Was folgte, war eine der größten «Farbrevolutionen» – die Orangene Revolution, benannt nach der allgegenwärtigen Farbe der Proteste. Der Begriff «Farbrevolutionen» ist eine Sammelbezeichnung für die nach Farben und Blumen benannten pro-demokratischen Massenproteste, die sich in den 2000er und 2010er Jahren in Osteuropa, im Nahen Osten und in Asien ereigneten. Sie waren über ihre Ideen, Praktiken und teilweise über ihre aktivistischen Netzwerke miteinander verknüpft. Das Momentum dieser Proteste bewirkte in vielen Fällen einen Regierungswechsel oder Neuwahlen, doch die politischen Veränderungen blieben oftmals begrenzt oder wurden rückgängig gemacht. In Russland wurden die Farbrevolutionen, darunter auch die Orangene Revolution, als vom Westen, vor allem den USA, gesteuerte Umsturzversuche dargestellt. Auch in der westlichen Berichterstattung und Debatte ist die Balance zwischen internen und externen Akteuren kontrovers diskutiert worden. In den USA war Demokratieförderung seit den 1980ern eine außenpolitische Priorität; Training und finanzielle Unterstützung wurden in den 1990er Jahren erhöht, so z.B. im Zusammenhang mit der «Bulldozer Revolution» in Serbien, die Slobodan Milošević stürzte. Die Tatsache, dass Demokratieförderung von außen über einen langen Zeitraum erfolgte, die Massenproteste aber nur zu bestimmten Zeitpunkten stattfanden, hebt die Bedeutung interner gesellschaftlicher und politischer Dynamiken hervor, die letztendlich den Unterschied ausmachten. Die vergleichende Analyse der Farbrevolutionen zeigt, dass sie interne bzw. regionale Voraussetzungen benötigen, um ihre Wirkung zu entfalten. Demokratieförderung – bzw. Autoritarismusförderung – ist daher als eine Art Verstärker unter den richtigen innenpolitischen Bedingungen zu verstehen. In der Ukraine erhielt sowohl Oppositionskandidat Wiktor Juschtschenko als auch Kutschma-Favorit Janukowitsch 2004 finanzielle Unterstützung aus dem Ausland, der eine aus dem Westen, der andere aus Russland.

Die Orangene Revolution entzündete sich an der Stichwahl zwischen dem eng mit Kutschma und seinen Interessengruppen aus dem Südosten der Ukraine kooperierenden Ministerpräsidenten Janukowitsch und dem Oppositionskandidaten Juschtschenko von der Partei «Unsere Ukraine» *(Nascha Ukraina)*. Laut offiziellem Wahlergebnis nach der ersten Runde hatte Juschtschenko 39,87 Prozent der Stimmen erreicht und Janukowitsch 39,32 Prozent. Schon dieses Ergebnis wurde weithin angezweifelt. Als Janukowitsch aus der Stichwahl mit angeblich drei Prozentpunkten Vorsprung als Sieger hervorging, obwohl unabhängige Nachbefragungen am Wahltag einen deutlichen Vorsprung für Juschtschenko vorausgesagt hatten, bauten sich rasch Proteste auf. Die Oppositionsbewegung «Es wird Zeit» *(Pora)* kooperierte eng mit der parteipolitischen Opposition, die verschiedene politische Lager vereinte. Gemeinsam ermöglichten und koordinierten sie eine Massenmobilisierung, die zu ihrem Höhepunkt in Kyjiw an einem Tag etwa 500000 Menschen versammelte. Das Oberste Gericht reagierte auf diese Proteste überraschenderweise mit der Entscheidung, die Stichwahl zu wiederholen. Bei der Wahlwiederholung am 26. Dezember 2004 erreichte Juschtschenko eine deutliche Mehrheit. Die geeinte Opposition, die ihm zum Sieg verholfen hatte, zerfiel im politischen Alltag jedoch rasch, und die zunehmend dysfunktionale Rivalität zwischen Juschtschenko und Julia Tymoschenko als Ministerpräsidentin verzögerte geplante Reformen und enttäuschte die mit der Orangenen Revolution verbundenen Hoffnungen.

Nach der Orangenen Revolution war die Annäherung an die EU ein klar formuliertes Ziel ukrainischer Außen- und Innenpolitik. Die EU sah sich mehrmals unter Zugzwang, auf die Proteste und Reformbestrebungen der Ukraine zu reagieren. Innerhalb der Europäischen Nachbarschaftspolitik wurde die Kooperation mit der Ukraine nach 2004 besonders hervorgehoben. Schrittweise entwickelte die EU diese weiter. Ab 2009 wurde sie mit der Östlichen Partnerschaft mit dem Ziel der Annäherung für insgesamt sechs Staaten neu aufgestellt. Mit der Ukraine wurde seitdem an einem Assoziierungsabkommen gearbeitet. In diesem sollte es um Wirtschafts- und Handelsbeziehungen – u. a. in der Form einer Freihandelszone – gehen, aber auch um eine engere Kooperation in der Außenpolitik und im Justizsektor. Eine Perspektive auf Mitgliedschaft verband sich mit ihm nicht, obwohl viele es in der Ukraine so lesen wollten.

Die Orangene Revolution hatte Janukowitsch, den von Kutschma und Russland favorisierten und aktiv unterstützten Kandidaten, diskreditiert. Dennoch gelang ihm vor dem Hintergrund der zerstrittenen «orangenen» Regierung und der einflussreichen wirtschaftlichen Interessen, die ihn stützten, ein politisches Comeback: 2006 wurde er mit Juschtschenkos Unterstützung zum Ministerpräsidenten ernannt. Damit legte er die Grundlage für seinen zweiten Anlauf auf das Präsidentenamt. Er gewann die Präsidentschaftswahl 2010 gegen Julia Tymoschenko nur knapp und versuchte während seiner Präsidentschaft immer wieder, mit ihr abzurechnen, bis hin zu ihrer Verhaftung. Tymoschenko kam erst im Zusammenhang mit den Euromaidan-Protesten frei, konnte jedoch nur begrenzt an ihren vormaligen politischen Einfluss anknüpfen. Insgesamt waren die politischen Parteien während des Euromaidan schwächer und weniger direkt mit den Protestierenden verbunden als 2004.

Innenpolitisch neigte sich das politische System unter Janukowitsch wieder dem Autoritarismus zu – die nach der Orangenen Revolution vorgenommene Verfassungsreform, die den Zugriff des Präsidenten auf die Kabinettsbildung eingeschränkt hatte, wurde mit der Begründung, sie sei nicht verfassungskonform umgesetzt worden, zurückgenommen. In seiner Außenpolitik schien Janukowitsch zunächst den Kurs seines Vorgängers Juschtschenko in Richtung einer Annäherung an die EU – nicht aber an die NATO – mitzutragen. Zugleich knüpfte er rhetorisch an Kutschmas Schaukelpolitik zwischen Ost und West an. Trotz dieses Schlingerkurses überraschte Janukowitsch die EU-Staats- und Regierungschefs kurz vor dem entscheidenden EU-Gipfel in Litauen im November 2013 mit seiner Ankündigung, das lange vorbereitete EU-Assoziierungsabkommen doch nicht unterschreiben zu wollen. Wladimir Putin hatte ihn unter Druck gesetzt, der Zollunion mit Russland beizutreten, ihm zusätzliche signifikante finanzielle Unterstützung in Aussicht gestellt und für den Fall der Unterzeichnung mit Sanktionen gedroht. Hier zeigte sich 2013 bereits deutlich, wie aus der Sicht des Kremls eine konsequentere und institutionalisierte Annäherung der Ukraine an die EU in Moskau als ein Risiko gesehen wurde. Die Diskussion über die Sicherheitswahrnehmungen Russlands ist meist auf die Frage der NATO-Osterweiterung reduziert worden. Weniger ersichtlich, aber genauso bedrohlich war die Assoziation mit der EU als dem Inbegriff einer demokratischen, rechtsstaatlichen Alternative zu Russland. Darüber hinaus begrenzte die Orientierung der ukrainischen Wirtschaft in Richtung des EU-Binnenmarkts die russisch-ukrainischen Wirtschaftsbeziehungen und die Attraktivität der Zollunion bzw. der Eurasischen Wirtschaftsunion, mit der Russland wirtschaftspolitischen Einfluss in ausgewählten Nachbarstaaten zu erhalten versuchte. Da die EU nicht auf Janukowitschs finanzielle Forderungen einging, mit der er das Angebot Russlands toppen wollte, zog er die Zusage seiner Unterschrift unter dem ausgehandelten Abkommen zurück. Dieser Schritt wurde ihm zum Verhängnis. Er wurde zum Auslöser der Massenmobilisierung, die im Ausland unter der Bezeichnung «Euromaidan» und in der Ukraine als «Revolution der Würde» in die Geschichte eingegangen ist. Der Begriff der Würde verdeutlicht die bewusste Rahmung und Erinnerung der Proteste als Ausdruck universeller Menschenrechte.

Auf den ersten Blick war die Nichtunterzeichnung des EU-Assoziierungsabkommen, bei dem es um eine teilweise Übernahme des EU-Regelwerks für die begrenzte Teilnahme am EU-Binnenmarkt, aber nicht um eine Mitgliedschaftsperspektive ging, ein ungewöhnlich technischer Auslöser für Massenproteste. Die Details des Abkommens waren vermutlich nur einem kleinen Teil der Bevölkerung bekannt, aber der Rückzug der Unterschrift wurde als Vertrauensbruch des Präsidenten und als Absage an ein Transformationsmodell verstanden, von dem sich große Teile der Bevölkerung bessere Lebensstandards und eine durch Rechtsstaatlichkeit abgesicherte Demokratie versprachen. Hinter den Protesten stand der im ganzen Land verbreitete Unmut über das Ausmaß an Korruption, das sich mit der Janukowitsch-Ära verband. Die Aktionen konzentrierten sich auf Kyjiw und Städte der Westukraine, wie zum Beispiel Lwiw, doch war es bemerkenswert, dass sich kleinere Proteste auch in vielen Städten im Osten und Süden des Landes formierten bzw. Menschen aus diesen Regionen nach Kyjiw reisten, um an den Demonstrationen teilzunehmen. Wie groß die Unzufriedenheit im ganzen Land vor dem Beginn der Massenmobilisierung war, wurde durch die Eigendynamik der Euromaidan-Proteste in den Hintergrund gedrängt, ist aber ein wesentliches Element in der Geschichte einer zunehmend aktiven und mobilisierten ukrainischen Gesellschaft.

Der Blick auf den Euromaidan wird meist durch sein gewaltsames Ende und die Beteiligung von rechtsradikalen Kräften in seiner Endphase bestimmt. Dabei bleibt die friedliche Massenbewegung ausgeblendet, mit der diese mehrere Monate anhaltende Protestwelle begann. Auch beruhte der Euromaidan nicht auf einer nationalistischen, ethnolinguistischen oder im engeren Sinne regionalen Mobilisierung. Eine der wenigen Umfragen, die unter Teilnehmenden von der Politikwissenschaftlerin Olga Onuch durchgeführt wurde, ermöglicht in Kombination mit späteren Erhebungen eine detaillierte Analyse der Proteste und ihrer verschiedenen Phasen. Auf der Grundlage dieser Daten lässt sich als Hauptmerkmal des Euromaidan die – im Vergleich zur Orangenen Revolution – größere Vielfalt seiner Akteure mit ihren unterschiedlichen Erwartungen und Forderungen benennen. Es fehlte ein mit der Forderung von 2004 nach einer Wahlwiederholung vergleichbares klares Ziel. Die Vielfalt der Akteure ist weder vom Janukowitsch-Regime noch von der parteipolitischen Opposition oder den bereits bestehenden aktivistischen Netzwerken vollständig verstanden bzw. kontrolliert worden. Daraus folgten sowohl ein Mangel an Koordination zwischen aktivistischen Netzwerken und den Oppositionsparteien als auch Gelegenheiten für die Mobilisierung radikaler Kräfte mit höherer Gewaltbereitschaft.

Janukowitsch schätzte die Stimmung in der ukrainischen Gesellschaft mehrfach falsch ein – von der Entscheidung gegen das Assoziierungsabkommen bis hin zu seinen Versuchen, den Maidan ab Ende November mit Hilfe von Polizeispezialeinheiten zu räumen. Diese Vorgehensweise heizte die Proteste weiter an. Mitte Januar 2014 schränkte Janukowitsch per Gesetz das Grundrecht der Versammlungsfreiheit ein, um die Proteste schließlich mit Hilfe der Sondereinheit Berkut in gewaltsamen Auseinandersetzungen einzudämmen, bei denen etwa 100 Menschen starben. Die Opfer auf der Seite der auf dem Maidan Protestierenden, deren Kreis sich in der gewaltsamen Endphase verkleinerte und soziodemographisch verengte, werden heute als «Himmlische Hundertschaft» verehrt. Ab dieser Phase der Proteste entwickelte sich der «Rechte Sektor» (*Pravyj Sektor*), zunächst eine Ortsbeschreibung auf dem umkämpften Maidan, zu einem Konglomerat rechtsextremer Kräfte und schließlich zu einer paramilitärischen Einheit. Diese Kräfte hatten Einfluss auf die Übergangsregierung, repräsentierten aber zu keinem Zeitpunkt die Mehrheit und scheiterten am Versuch, sich in eine dauerhafte politische Organisation zu verwandeln.

Unter Beteiligung der Außenminister Polens, Deutschlands und Frankreichs wurde am 21. Februar ein mit Janukowitsch, der parteipolitischen Opposition und einer informellen Vertretung der Protestierenden ausgehandelter politischer Kompromiss zur Beilegung der Krise unterzeichnet, der den Weg zu vorgezogenen Präsidentschaftswahlen ebnen sollte. Es zeichnete sich sofort ab, dass es für diese Lösung auf dem Maidan nach der Radikalisierung im Zusammenhang mit der Polizeigewalt keine Akzeptanz gab. Noch am Tag der Vereinbarung verließ Janukowitsch Kyjiw und flüchtete in der Folge über mehrere Stationen, einschließlich Charkiw und Sewastopol, nach Russland. Am 22. Februar erklärte ihn das ukrainische Parlament für abgesetzt und setzte Neuwahlen für den 25. Mai an. Für diese Art der Absetzung gab es in der Verfassung keine passenden Vorgaben. Die in der Verfassung erwähnte Kategorie des Hochverrats konnte dem Moment nicht gerecht werden – sie hätte ein durch das Parlament initiiertes längeres Untersuchungsverfahren eingeleitet. Die politische Situation erforderte eine politische Antwort, denn Janukowitsch hatte zweifelsohne die effektive Herrschaftsgewalt verloren, als sich Ministerien, die Armee und der Geheimdienst gegen ihn stellten und er das Land verließ. Im März wurde Janukowitsch auch von seiner Partei, der Partei der Regionen, ausgeschlossen. Direkt nach seiner Flucht stürmten Protestierende seine Luxusvilla – sie war das Symbol seiner korrupten Machenschaften und veruntreuten Staatsgelder und wurde später in eine touristische Attraktion umfunktioniert.

In der russischen Staatsrhetorik begann mit dem Euromaidan die Fokussierung auf das angeblich faschistische, illegal zur Macht gekommene Regime in Kyjiw, das es zu bekämpfen galt. Die Beteiligung rechtsradikaler Gruppierungen und Aktivisten in der gewaltsamen Endphase des Euromaidan ist unbestritten, ebenso die Tatsache, dass politische Vertreter rechter Organisationen etwa ein Fünftel der Ministerposten in der Interimsregierung stellten. In den folgenden Wahlen waren rechtsextreme Parteien (z. B. Swoboda und der Rechte Sektor) dann aber erneut nicht mehr als eine Randerscheinung in der nationalen Politik.

Die Interimsregierung bereitete der vorgezogenen Präsidentschaftswahl den Weg. Aus ihr ging im Mai 2014 Petro Poroschenko als Wahlsieger hervor. Er hatte zuvor diverse politische Ämter innegehabt – u. a. war er nach der Orangenen Revolution Vorsitzender des Nationalen Sicherheits- und Verteidigungsrats und unter Janukowitsch Wirtschaftsminister gewesen. Auch war und blieb er einer der reichsten ukrainischen Oligarchen, der einen eigenen Fernsehkanal kontrollierte. Er startete mit einem Vertrauensvorschuss, aber auch mit den Erwartungen und Enttäuschungen des Euromaidan. Wichtige neue Reformschritte wurden eingeleitet, darunter der Aufbau einer institutionellen Architektur für die Korruptionsbekämpfung, einschließlich eines separaten Anti-Korruptions-Gerichts und elektronischer Vermögenserklärungen. Die Funktionen und personellen Besetzungen der neuen Strukturen blieben jedoch zu widersprüchlich, um eine effektive Korruptionsbekämpfung und die Unabhängigkeit der Justiz zu gewährleisten. Gegen Ende seiner Amtszeit wurde Poroschenko selbst der Korruption beschuldigt. Im globalen Korruptions-Index von Transparency

International, der Korruptionsperzeptionen misst, lag die Ukraine 2018 nach einer leichten Verbesserung nur auf Platz 120 von 180 Ländern und bildete damit in der Region mit Ausnahme von Russland (Platz 138) ein Schlusslicht. Zu den wichtigsten Reformen der Poroschenko-Ära gehörten Schritte in Richtung einer umfassenden Dezentralisierung, die ein wichtiges Element der Transformation «von unten» darstellt. Unter Poroschenko wurde das EU-Assoziierungsabkommen, an dem sich die Maidan-Proteste entzündet hatten, verabschiedet. Die Ratifizierung durch alle EU-Mitgliedstaaten dauerte allerdings lange, so dass es erst im Januar 2016 in Kraft treten konnte.

Poroschenkos Popularität war im Kontext als zu langsam empfundener Reformen, Russlands Annexion der Krim und des kräfte- und ressourcenbindenden Krieges im Donbas rasch gesunken. Ohne es zu bemerken, repräsentierte er nicht mehr die Prioritäten und Ansichten der Mehrheit der Gesellschaft, auch wenn seine Modernisierung der Armee die Ukraine auf die nächste Phase in Russlands Krieg vorbereitete und die Armee als die Institution etablierte, der die Gesellschaft laut Umfragen am meisten vertraute (interessanterweise gefolgt von zivilgesellschaftlichen Organisationen und Mitbürgern/Mitbürgerinnen). Die wiederholten Zyklen aus Protest und Enttäuschung über die Politik der Regierung hatten sowohl die organisierte Zivilgesellschaft als auch das direkte Engagement der Bevölkerung für verschiedene soziale Belange gestärkt. Beides verband sich allerdings nicht mit Vertrauen in die staatlichen Institutionen und Parteien.

Die nächste Welle der gesellschaftlichen Mobilisierung erfolgte nicht in der Form von Massenprotesten, sondern im Rahmen der Präsidentschaftswahl von 2019, die Selenskyj mit für die Ukraine ungewöhnlichen Mehrheiten im ganzen Land (mit einer einzigen Ausnahme in der Region Lwiw) gewann. Gestützt auf eine aus den darauffolgenden Parlamentswahlen hervorgegangene absolute Mehrheit im Parlament, konnte Selenskyj erste Reformpakete im Eiltempo verabschieden. In Kyjiw wurde sein Ansatz bald als «Turboregime» bezeichnet. Reformen, u. a. im Justizsektor, wurden möglich, da es keine effektive politische Opposition gab. Das Parlament als politische Institution wurde dadurch weiter geschwächt, denn selten wurden komplexe Reformen debattiert oder im Zusammenspiel mit einer funktionierenden Opposition ausgehandelt. Es war abzusehen, dass Selenskyjs hohe Beliebtheitswerte nicht von Dauer sein würden. Sein Reformkurs wurde in sich widersprüchlich, seine zwei Hauptziele – Korruptionsbekämpfung und Frieden im Donbas – konnten nicht umgesetzt werden, und die juristischen Maßnahmen gegen ausgewählte Oligarchen, einschließlich Poroschenko, wirkten politisch motiviert. Dennoch blieb er im Vergleich zu seinem Vorgänger über die Jahre seiner Präsidentschaft beliebter – und das selbst im Ausnahmezustand der Corona-Pandemie. Bis zum Frühjahr 2021 waren seine Popularitätswerte auf etwa 30 Prozent gesunken (s. IBIF-Projekt).

Seit 1990 trieben wiederholte Massenproteste die politische und gesellschaftliche Transformation der Ukraine voran und schärften die Idee einer politischen, europäischen Nation. Die gesellschaftliche Mobilisierung im Rahmen der Proteste wirkte in den verschiedensten Formen von organisierter Zivilgesellschaft und sozialem Engagement fort. Damit einher ging laut Umfragen eine für die Corona-Zeiten im Vergleich zu anderen Ländern in Europa atypische Stärkung der pro-demokratischen Ansichten der Bevölkerung (s. MOBILISE-Projekt).

In der Nacht des russischen Großangriffs auf die Ukraine vom 23. auf den 24. Februar 2022 hielt Wolodymyr Selenskyj eine bemerkenswerte Rede, die er nicht an den russischen Präsidenten, sondern als Bürger der Ukraine an die Bevölkerung Russlands richtete. Auch wenn in Russland durch die Medienzensur nur wenige diese Rede gehört haben mögen, brachte sie auch für die Ukraine und Europa auf den Punkt, worum es in diesem Krieg geht: «Es geht um Frieden und um Prinzipien, um Gerechtigkeit. Um Völkerrecht und um das Recht auf Selbstbestimmung. Das Recht, seine Zukunft selbst zu gestalten. Das Recht jeder Gesellschaft auf Sicherheit. Das Recht jedes Menschen auf ein Leben ohne Drohungen. All das ist wichtig für uns. All das ist wichtig für die gesamte Welt.»

Russland

4. Autoritarismus und (Neo-)Imperialismus

Wie lässt sich das politische System Russlands am besten beschreiben? Vor dem Hintergrund des Krieges hat diese Frage an Relevanz gewonnen. Neben gängigen, jedoch nicht präzise voneinander abzugrenzenden Begriffen wie Autoritarismus und Diktatur wurde nach Beginn der Vollinvasion der Begriff «Ruschismus» *(ruschism)* bzw. «Raschismus» *(raschism)* geprägt – jeweils eine Mischung aus «Russland» und «Faschismus». Der Versuch, der Sprachlosigkeit angesichts der Brutalität dieses Krieges, des Ausmaßes russischer Kriegsverbrechen und der Repressionen in Russland etwas entgegenzusetzen, wird länger anhalten. Als analytisches Konzept eignet sich weiterhin der Begriff «Autoritarismus», solange dieser nicht als etwas Statisches verstanden wird, sondern als ein sich dynamisch anpassendes politisches und gesellschaftliches System.

Der seit Putins Amtsantritt in der Kremlrhetorik geprägte Begriff der «gelenkten Demokratie» ist ein Oxymoron. Bis kurz vor dem Angriffskrieg auf die gesamte Ukraine wurde Russland auch im europäischen öffentlichen Diskurs häufig mit dem Demokratiebegriff beschrieben, wenngleich mit Einschränkungen. Der in Deutschland weit verbreitete Hinweis darauf, dass Russland keine «lupenreine Demokratie» sei, verortete Russland dennoch im demokratischen Spektrum der Systeme und verharmloste damit den seit langem etablierten Autoritarismus.

Putins Amtsführung unterschied sich in Stil und Substanz von Anfang an von der seines Vorgängers Boris Jelzin. Die Jelzin-Ära, in der ein Versuch in Richtung Demokratie und Liberalisierung unternommen wurde, sollte später für weite Teile der Bevölkerung Russlands zum negativen Bezugspunkt werden.

Die Kombination aus einer partiellen ökonomischen Liberalisierung ohne makroökonomische Stabilisierung führte zu Hyperinflation und der Etablierung von Oligarchen, die sich hemmungslos bereicherten und großen Einfluss auf die Politik ausübten. Die Erfahrung dieser Zeit diskreditierte das Prinzip Demokratie, bevor dieses sich überhaupt etablieren konnte. Der Verfassung Russlands von 1993 liegt die Idee einer Präsidialdemokratie mit Dekretvollmachten zugrunde. Während die Subjekte der Russländischen Föderation offiziell einem stark zentralisierten System untergeordnet waren, wurde den ressourcenreichen ethnischen Republiken wie Tatarstan und Sacha bald mehr Spielraum eingeräumt. In der Folge trat Jelzin mit vielen Regionen und Gebieten in direkte Verhandlungen ein und erweiterte so den Föderalismus um eine Parallelstruktur aus bilateralen Verträgen. Die tragische Ausnahme blieb Tschetschenien, wo er sich zu einer militärischen Antwort auf die Forderung nach mehr nationaler Selbstbestimmung entschloss. Jelzins politische (Fehl-)Entscheidungen schufen die Startbedingungen für seinen handverlesenen Nachfolger. Wladimir Putin baute über seine ersten zwei Amtszeiten und vor allem seit seiner Rückkehr in das Präsidentenamt 2012 sukzessive die autoritären Strukturen aus. Einerseits schränkte Putin die Unabhängigkeit und den Einfluss der Oligarchen ein, andererseits baute er den Sicherheitsapparat und die Armee zu den wichtigsten Säulen des politischen Systems aus und verschärfte beständig die staatliche Medienkontrolle und die Repressionen gegen die politische und zivilgesellschaftliche Opposition.

Die im Staatsfernsehen übertragene Sitzung des Nationalen Sicherheitsrats vom 21. Februar 2022 zeigte deutlich, wer zur engsten Führungselite gehört – neben Regierungs- und Parlamentsvertretern auch die Chefs der Geheimdienste. Die Nervosität der Anwesenden war in der Live-Übertragung deutlich zu spüren. Putin führte den engeren Führungszirkel in aller Öffentlichkeit wie eine Schulklasse vor, insbesondere den Geheimdienstchef Sergei Naryschkin, der sich bei der Frage verhaspelte, ob die Unabhängigkeit der Volksrepubliken von Donezk und Luhansk anerkannt werden sollte oder diese gleich in die

Russländische Föderation aufgenommen würden. Das Signal war eindeutig: Putin fällt die wichtigen Entscheidungen, die über Abhängigkeitsverhältnisse umgesetzt werden. Die Bilder von Putin an seinem übergroßen ovalen Tisch im Kreml, an dem er aus mindestens 6 Metern Entfernung Staatsgäste empfing, wurden zum Symbol seines personalisierten Systems, auch wenn die Distanz vermutlich mehr mit Putins Corona-Angst als mit einer bewussten Inszenierung zu tun hatte. Putin hatte sich während der Corona-Pandemie fast vollständig isoliert – auch diese Tatsache führte zu einer weiteren Verengung der Entscheidungsfindung und zu mehr Spielraum für Putins eigene Exegese neo-imperialer Machtansprüche.

Das politische System unter Putin war von Anfang an durch eine kontinuierlich zunehmende Personalisierung und Zentralisierung gekennzeichnet. Die Machtvertikale in den Entscheidungsprozessen setzte sich in der Kontrolle über die Regionen und Kommunen innerhalb der *de iure* föderalen Struktur des Landes fort. Das System beruht auf der Loyalität eines über die Zeit kleiner gewordenen Elitenzirkels. Bei Vertrauensverlust werden zentrale Positionen ausgetauscht. Politische Institutionen wie die Duma und der Föderationsrat, die beiden Kammern des Parlaments, wurden in der Praxis schwächer gehalten, als es die Verfassung vorgesehen hatte. Der Spielraum für politische Opposition verengte sich beständig. Die regierungstreue Partei «Einiges Russland» gewann regelmäßig absolute Mehrheiten in Wahlen, die weder frei noch fair waren. Neben der Regierungspartei besteht lediglich die sogenannte Systemopposition, eine kleine Gruppe von Parteien wie der Kommunistischen Partei und der rechtsextremem Liberal-Demokratischen Partei, die einen Anschein von Vielfalt vermitteln und mitunter die Rolle eines Blitzableiters spielen oder neue Initiativen einbringen, aber keinen Einfluss auf die zentralen Entscheidungen ausüben. Das wirtschaftliche System, das vor allem auf der Nutzung des Ressourcenreichtums beruhte, hat einen umfassenden Strukturwandel und Diversifizierung vermieden und trotz Liberalisierung die staatliche Kontrolle über Schlüsselsektoren und -betriebe nie aufgegeben bzw. über die Jahre hinweg wieder gestärkt.

Potentieller gesellschaftlicher Unmut wurde durch die aus dem Export von Ressourcen finanzierte Sozialpolitik abgefedert. Der Einfluss, den die Republiken und Regionen in der Jelzin-Ära hatten, wurde systematisch abgeschafft. In Krisensituationen – wie z. B. der Corona-Pandemie oder dem Krieg – werden allerdings politische Verantwortung und die Kommunikation unangenehmer Nachrichten bewusst an die regionale Ebene delegiert, die dadurch noch abhängiger vom Zentrum wird.

Die westlichen Hoffnungen auf einen offeneren politischen Kurs und eine «Modernisierungspartnerschaft» unter Dmitri Medwedew von 2008 bis 2012, dessen präsidiales Intermezzo Putin im Anschluss zwei weitere Amtszeiten unter der damals gültigen Verfassung erlaubte, erwiesen sich als verfehlt. Putins Rückkehr auf den Präsidentenposten erfolgte kurz nach unerwartet großen Protesten gegen die manipulierte Duma-Wahl 2011. Seine Antwort war ein systematisch ausgeweitetes Repressionsregime.

Die politische und zivilgesellschaftliche Opposition wird seit über 10 Jahren durch eine Mischung aus Wahlmanipulation, gesetzlichen und verfassungsrechtlichen Vorgaben und damit verbundenen hohen Haftstrafen sowie offenen und verdeckten Repressionen bekämpft. Die Ermordung des Oppositionspolitikers Boris Nemzow auf offener Straße in Kremlnähe im Februar 2015, mehrfache Giftanschläge auf den Oppositionellen Wladimir Kara-Mursa, gefolgt von Verurteilung und Gefängnisstrafe unter menschenunwürdigen Bedingungen bis zu seiner Freilassung und Ausreise als Teil eines Gefangenenaustausches mit dem Westen 2024, der Giftanschlag auf den Oppositionellen Alexei Nawalny im August 2020 und sein Tod im Straflager 2024 sind die extremsten Beispiele dieser Politik. Das Nawalny-Netzwerk und seine Stiftung wurden als «extremistische Organisationen» diffamiert und zerschlagen. Der Fortbestand von Teilen dieses Netzwerks und die Rolle der im Ausland lebenden Ehefrau Nawalnys, Julia Nawalnaja, bleiben zum jetzigen Zeitpunkt ungewiss, ebenso wie der Handlungsspielraum anderer Oppositioneller im Westen. Ein wichtiges Instrument der Repressionen ist das 2012 verabschiedete und bis einschließlich

2022 mehrmals verschärfte Agentengesetz. Der Vorwurf, ein «ausländischer Agent» zu sein, kann neben Organisationen auch Einzelpersonen treffen, die für Kooperationen Geld aus westlichen Ländern annehmen. Das außenwirksame Pendant zum Agentengesetz ist das Gesetz über die «unerwünschten ausländischen Organisationen» von 2015. Ihre Tätigkeiten in Russland werden verboten, und die Kooperation mit ihnen wird insbesondere für russische Staatsbürger und Staatsbürgerinnen zum Risiko. Gelistet sind inzwischen auch zahlreiche deutsche Organisationen mit zivilgesellschaftlichen Kontakten nach Russland, Stiftungen und wissenschaftliche Institutionen. Allmählich werden auch ausländische Organisationen als «extremistisch» eingestuft, um sie an ihrer Arbeit zu Russland zu hindern.

Die einflussreichen Staatsmedien, insbesondere das Staatsfernsehen, und regimetreue soziale Medien verbreiten seit Jahren Propaganda über die Bedrohung Russlands durch den Westen, insbesondere die USA und die NATO. Diese Propaganda hat dem Angriffskrieg Russlands den Boden bereitet und die zunehmende Demobilisierung der Gesellschaft befördert. Unabhängige Medien sind immer weiter eingeschränkt oder verboten worden. Seit Februar 2022 sind Hunderte weitere Medien blockiert worden, darunter die letzten größeren unabhängigen Sender wie TV Rain und Echo Moskwy. Die verbotenen Medien mussten entweder aufgrund ihrer Abweichung von der staatlich verordneten Norm der Berichterstattung schließen oder sich ins Ausland verlegen. Der Begriff des «digitalen Autoritarismus» erfasst die miteinander verwobenen Aspekte der Überwachungsmechanismen, der Omnipräsenz staatlicher Propaganda und der Medienaufsicht, eine bewusste Verunsicherung der Bevölkerung durch unterschiedliche Darstellungen internationaler Ereignisse und die teilweise Kontrolle des Internets auf dem Weg zum deklarierten Ziel eines «souveränen Internets».

Ein wichtiges Element in den staatlich kontrollierten Diskursräumen ist eine in den letzten Jahren immer aktiver betriebene Geschichtspolitik, die eine selektive Erinnerungskultur bzw. Umdeutung der russischen und sowjetischen Geschichte betreibt und politische Ansprüche direkt aus ihr ableitet. Die Betonung liegt auf der historischen Kontinuität des russischen Patriotismus, der internationalen Größe Russlands und «traditionellen Werten» sowie einem dem Staatsverständnis entsprechenden nationalen Schulcurriculum. Putin ordnet sich selbst in den Pantheon der «großen» Herrscher – insbesondere der Zaren – ein. Das Bild von Stalin und der Zeit des Stalinismus ist höchst ambivalent. Stalin wird in seiner Rolle als siegreicher Kriegsführer erinnert, die Opfer des stalinistischen Terrors finden dabei immer weniger Beachtung. Die Menschenrechtsorganisation Memorial, die seit den späten 1980er Jahren die stalinistische Vergangenheit aufarbeitet, wurde 2021 verboten. Dem Zweiten Weltkrieg kommt in der Erinnerungspolitik eine Schlüsselrolle zu. Unter Putin wurde der 9. Mai wieder regelmäßig als Gedenktag mit Pomp und viel Militärgerät auf dem Roten Platz gefeiert. Der verlustreiche Sieg über Nazi-Deutschland blendet die westlichen Alliierten der Sowjetunion zunehmend aus – bei den offiziellen Feierlichkeiten auf dem Roten Platz am 9. Mai 2022, dem Tag des Sieges über Nazi-Deutschland, wurde der Krieg gegen die Ukraine als Fortsetzung des Kampfes gegen den «Nazismus» dargestellt, den Russland inzwischen alleine ausfechten müsse. Die politische und strategische Bedeutung dieser geschichtspolitischen Diskurse und ihre Präsenz im öffentlichen Raum, einschließlich der Sozialisation der Jugend, sind im Westen lange Zeit unterschätzt worden.

Das politische System Russlands ist immer stärker auf den Selbsterhalt ausgerichtet worden. Zu dieser Logik passte auch die Perspektive Putins auf das Zeitfenster, in dem er noch aus einer gefühlten Position der Stärke dem Westen, der NATO und der Ukraine etwas entgegensetzen wollte. Putin war darüber hinaus zunehmend um seine historische Hinterlassenschaft bemüht. Vor diesem Hintergrund hat das Denken in großen historischen Bahnen einen immer größeren Stellenwert eingenommen. Die Zentralisierung und Personalisierung des autoritären Systems hat Putins eigenem neo-imperialen Denken immer mehr Raum gegeben. Das Paradoxe an Putins Entscheidung für die dritte Kriegsphase ab 2022 ist, dass er mittel- bis langfristig das von ihm etablierte politische System in Russland damit gefährdet. Putin hatte nicht nur den Zusammenhalt und den Widerstandswillen der ukrainischen Bevölkerung unterschätzt, sondern auch das Maß an Einigkeit innerhalb der EU und der NATO in Bezug auf koordinierte Sanktionen gegen Russland sowie politische, finanzielle und militärische Unterstützung für die Ukraine. Es gehört zu den Charakteristika von autoritären Systemen, dass sie lange Zeit stabil erscheinen und es autoritären Machthabern über einen längeren Zeitraum gelingt, das System an ihre Bedürfnisse anzupassen, dass dann aber ein plötzlicher Moment der Instabilität kommen kann, so zum Beispiel durch eine Sukzessionskrise. Auch unvorhergesehene Kriegsfolgen könnten zu einem solchen Moment führen.

Insgesamt blieben die Beliebtheitswerte für Putin hoch genug, auch wenn der zunächst steile Anstieg im Zusammenhang mit der Krim-Annexion nach 2018 als Folge einer unpopulären Rentenreform zunächst wieder abflachte. Der Krieg im Donbas hatte keinen so direkten Einfluss auf die öffentliche Meinung in Russland. Auch wurden hier die hohen Kosten durchaus hinterfragt, was bei den Subventionen für die Krim nach der Annexion nicht der Fall war. Das Kosten-Nutzen-Verhältnis in Bezug auf die jetzige Kriegsphase lässt sich noch nicht abschätzen. Es ist eine offene Frage, ob die Eliten und die Gesellschaft einen Krieg mit derartig hohen Kosten längerfristig weiter unterstützen, tolerieren oder ignorieren können.

Im Krieg sind Umfragen in autoritären Gesellschaften noch schwieriger durchzuführen und einzuschätzen als in friedlichen Zeiten. Sowohl staatsnahe Institute als auch die unabhängige russische Umfrageagentur Levada generieren seit Beginn des großangelegten Angriffskriegs hohe Zustimmungswerte für Putin und die sogenannte «militärische Spezialoperation» von 80 bis 90 Prozent. Es gibt jedoch Altersunterschiede: Selbst in den Daten des staatsnahen Instituts VTSIOM gab es eine geringere, wenngleich immer noch mehrheitliche Unterstützung unter der jüngeren Bevölkerung (unter 30 Jahren).

Es gab in den letzten 10–15 Jahren zahlreiche und sich zum Teil verdichtende Proteste auf lokaler Ebene. Proteste gegen lokale Missstände, zum Beispiel den Abriss von Wohngebäuden,

den Bau von Müllhalden oder die ineffektive Bekämpfung von Waldbränden, formulierten Kritik an der Politik auf lokaler oder regionaler Ebene. Oftmals wurden sie von sich als apolitisch verstehenden Menschen getragen und aus durchaus widersprüchlichen Motivationen heraus unterstützt. Obwohl Levada-Umfragen eine weit verbreitete diffuse Unzufriedenheit und einen Wunsch nach Veränderung festgestellt hatten, wurde eine konkrete politische Alternative nicht gesehen oder gesucht. Bis auf wenige Ausnahmen wie den Protesten nach den manipulierten Kommunalwahlen in Moskau 2019 oder den über ein Jahr anhaltenden Protesten in Chabarowsk ab Juli 2020, die sich an der Entlassung des gewählten Gouverneurs entfachten, der nicht aus der kremltreuen Partei «Einiges Russland», sondern aus der Systemopposition kam, formulierten die Proteste in der Regel keine direkte Opposition gegenüber dem politischen Machtzentrum und Putin selbst. In Krisensituationen wie der Corona-Pandemie oder dem Krieg gehört zu Putins Repertoire das Delegieren von Verantwortung an Minister und regionale Gouverneure, die jederzeit als Sündenböcke genutzt oder ausgetauscht werden können.

Die von Putin orchestrierte Verfassungsreform 2020 eröffnet verschiedene Optionen des Machterhalts. Die Amtszeiten wurden mit der Verfassungsänderung auf null gestellt, so dass Putin 2024 erneut zur Wahl antreten konnte und bis 2036 im Amt bleiben könnte. Er könnte aber das Präsidentenamt auch gegen Einflussnahme über ein beratendes Gremium, den Staatsrat, eintauschen. Zur Verfassungsänderung gehörten eine Festschreibung der historischen Erinnerung an den Zweiten Weltkrieg und der Schutz traditioneller Werte. Letztere stehen in enger Verbindung mit der Autorität der Russisch-Orthodoxen Kirche und ihrem Oberhaupt, dem Patriarchen Kyrill. Eine neue Qualität der Repressionen entlud sich kurz darauf im Kontext der Duma-Wahlen im September 2021, die aktiver kontrolliert wurden als jede andere Wahl zuvor. Auch hier wurde deutlich, dass das Regime kein unnötiges Risiko eingehen will.

Die Reden und selbstverfassten Texte autoritärer Machthaber, die in der Regel sowohl nach innen als auch nach außen wirken sollen, sind bewusste Selbstinszenierungen im öffentlichen Raum. Genau deshalb müssen sie ernst(er) genommen werden. Sie beinhalten wichtige Hinweise auf das Selbstverständnis der redenden Person und können somit als Wegweiser dienen. Der Kontrast in Inhalt und Stil zwischen Putins Rede im Bundestag 2001 und auf der Münchener Sicherheitskonferenz 2007 wird im deutschen Diskurs oft bemüht, um den Wandel in Putins Denken und im russischen politischen System nachzuzeichnen. Beide Auftritte markieren jedoch Schritte auf dem Weg in einen starken, neo-imperialen Autoritarismus. Als ausgewählter Nachfolger von Jelzin fehlte Putin gleich zu Beginn jeglicher Anschein demokratischer Legitimation. Seine erste Präsidentschaftswahl im März 2000, die wie spätere Wahlen weder frei noch fair war, sicherte er sich auf der Grundlage des zweiten Kriegs in Tschetschenien und der Rechtfertigung von Repressionen als Antwort auf terroristische Gefahren im Innern. Dieser Kontext wurde beim Auftritt im Bundestag ausgeblendet. Der zurückhaltende Ton von Putins damaliger Rede war genauso kalkuliert wie seine Rede in München sechs Jahre später. 2007 war Putins Machtposition im Innern unbestritten, und er trat in München auch außenpolitisch sehr viel forscher und fordernder auf. Er sprach von der NATO und der Unabhängigkeit Kosovos als Provokationen und betonte die enttäuschten Hoffnungen Russlands auf eine neue Sicherheitsordnung nach dem Ende des Kalten Krieges. Die Grundkomponenten dieser Argumentation waren jedoch schon früher angelegt.

Am 22. Juni 2021 veröffentlichte *Die Zeit* erstaunlicherweise einen von Putin selbst verfassten Essay aus Anlass des 80. Jahrestags des Überfalls der deutschen Wehrmacht auf die Sowjetunion. In dieser Entscheidung und in Putins Text spiegelt sich die historische Fokussierung Deutschlands auf Russland zu Lasten seiner Nachbarstaaten und deren Rolle im Zweiten Weltkrieg. Der Essay war vor allem ein Appell an die deutsche Politik und Bevölkerung, eine Erinnerung an die sowjetisch-russisch-deutsche Aussöhnung nach dem Zweiten Weltkrieg, an die engen wirtschaftlichen Beziehungen zwischen Deutschland und Russland und an die Hoffnungen, die sich mit dem Ende des Kalten Krieges verbanden. Man habe damals die Chance verpasst, ein «großes Europa» zu gestalten, beklagte Putin in diesem Essay. Die Schuld daran schrieb er allein der Osterweiterung der NATO zu. Raum für eigenständige Entscheidungen der betreffenden Staaten gibt es in diesem Geschichtsbild nicht. Am Beispiel der «ukrainischen Tragödie von 2014» könne man die Folgen dieser westlichen Politik nachvollziehen, behauptete Putin. In einer Verdrehung der Tatsachen sprach er die Verantwortung für die Spaltung der Ukraine und den «Austritt der Krim aus dem ukrainischen Staat» den westlichen Staaten zu.

Der Krieg gegen die Ukraine

5. Die Krim-Annexion 2014

Wladimir Putin reagierte auf den Euromaidan mit der Umsetzung eines Plans, der, wie er selbst später sagte, lange vorbereitet war. Die Annexion der Krim vollzog sich in einer raschen Abfolge von aufeinander abgestimmten Schritten, die die ukrainische Regierung, das ukrainische Militär vor Ort, die Krim-Bevölkerung und auch die Bevölkerung Russlands überraschte.

Ab dem 23. Februar 2014 formierten sich in der Endphase des Euromaidan in Sewastopol kleinere Proteste, in deren Verlauf ein «Volksbürgermeister» ernannt und dazu aufgerufen wurde, sich von der neuen Regierung in Kyjiw zu distanzieren. Am 26. Februar kam es vor dem Krim-Parlament in Simferopol zwischen einer kleinen Anzahl von Protestierenden mit russischen Flaggen und einer größeren Gruppe von Hunderten von Menschen, die den Maidan unterstützten, darunter viele Krimtatarinnen und Krimtataren, zu gewaltsamen Zusammenstößen. Ab dem 27. Februar 2014 begann mit der systematischen Besetzung der Halbinsel durch Russland der Krieg gegen die Ukraine. An diesem Tag brachten auf der Krim russische Sondereinheiten ohne Hoheitsabzeichen die strategischen, militärischen und politischen Institutionen unter ihre Kontrolle. Russland bestritt zunächst, dass es sich um russische Truppen handelte, und sprach von «lokalen Verteidigungseinheiten». Das regionale Parlament wurde von bewaffneten Einheiten besetzt, und in einer geschlossenen Sitzung wurde Sergej Aksjonow von der kleinen Partei «Russische Einheit» zum neuen Ministerpräsidenten ernannt. Im 2010 zuletzt gewählten Krim-Parlament hatte seine Partei lediglich drei von 100 Sitzen gewonnen, während die Partei der Regionen (80 Sitze) klar dominierte. Damit war die Krim ein typischer Teil des Südostens der Ukraine gewesen.

Gleich am ersten Tag der Krim-Besetzung wurde ein regionales «Referendum» über die Unabhängigkeit der Krim für Ende Mai 2014 anvisiert. Es gab weitere Proteste, insbesondere durch die Krimtataren. Der Ukrainische Nationale Sicherheits- und Verteidigungsrat verzichtete jedoch am 28. Februar auf eine Kriegserklärung und eine militärische Antwort. Das regionale «Referendum» wurde dann auf den 16. März vorverlegt. Die Frage nach dem zukünftigen Status der Krim erlaubte keine wirkliche Wahl, und die einzigen zwei «Optionen» waren bewusst uneindeutig formuliert: Die sogenannte «Wiedervereinigung mit Russland» stand der «Rückkehr zur Krim-Verfassung von 1992» gegenüber. Es gab jedoch zwei vorläufige Krim-Verfassungen aus dem Jahr 1992, so dass die Formulierung an sich schon missverständlich blieb. Die erste Verfassung von 1992 hatte in der Auseinandersetzung mit Kyjiw den Anspruch auf eine weitgehend unabhängige «Republik Krim» im losen Staatsverband der Ukraine formuliert. Hinzu kam, dass es bei der Abstimmung am 16. März 2014 keine Möglichkeit gab, für den Status quo zu stimmen.

Das «Referendum» verdient seinen Namen nicht, denn die Abstimmung fand in Gegenwart bewaffneter russischer Sondereinheiten statt. Nach offiziellen russischen Angaben lag die Wahlbeteiligung bei 83,1 Prozent, und eine Mehrheit von 96,3 Prozent sprach sich für die «Wiedervereinigung mit Russland» aus. Die Beteiligung der Krimtataren und Krimtatarinnen fiel geringer aus als die der übrigen Bevölkerung, obgleich auch hier keine genauen Zahlen vorliegen. Interessanterweise veröffentlichte die offizielle Webseite des dem Präsidenten unterstellten Menschenrechtsrats später kurzzeitig abweichende Zahlen, die von einer insgesamt geringeren Beteiligung und Zustimmung ausgingen. Keine dieser Zahlen mag das wirkliche Ergebnis wiedergeben. Wichtiger ist aber ohnehin die Tatsache, dass es kein demokratisches Referendum war, obwohl es im offiziellen Diskurs Russlands stets als solches bezeichnet wird. Es ist eine hypothetische Frage, wie die Krim-Bevölkerung in einem freien Referendum abgestimmt hätte. Fest steht auf jeden Fall, dass es der russischen Intervention bedurfte, um das Thema überhaupt auf die Agenda zu bringen. Es gab Anfang 2014 und in den Jahren davor auf der Krim keine politische Mobilisierung für Unabhängigkeit oder einen Anschluss an Russland. Die Idee eines Referendums als Legitimierung von Unabhängigkeit war von der Badinter-Kommission im Zusammenhang mit dem Zerfall Jugoslawiens empfohlen worden. Die Europäische Gemeinschaft hatte die Kommission 1991 eingesetzt, um diesen Prozess juristisch zu begleiten. Putin knüpfte 2014 auf zynische Weise an die Idee der Willensbekundung für Sezession an.

Bereits zwei Tage nach der erzwungenen Abstimmung, am 18. März 2014, hielt Putin vor beiden Häusern des russischen Parlaments – der Staatsduma und dem Föderationsrat – eine Rede, in der er die «Wiedervereinigung», versehen mit der Legitimität des «Referendums», verkündete, einen großen historischen Bogen schlug und generell mit dem Westen und der seit 1991 empfundenen Demütigung Russlands ins Gericht ging. Die Rede erfüllte zwei wichtige Funktionen: Nach innen mobilisierte sie den großrussischen Nationalismus als Grundlage des Neo-Imperialismus. Nach außen kam sie einer vollumfänglichen Abrechnung Putins mit westlicher Politik seit dem Ende des Kalten Krieges gleich und sendete somit auch ein Signal an China und andere Länder mit komplexen Beziehungen zu westlichen Regierungen. Putin bezog sich in seiner Rede auf den Gründungsmythos der Kyjiwer Rus und die kulturelle und zivilisatorische Einheit der Völker Russlands, der Ukraine und Belarus. Er leitete den politischen Anspruch Russlands auf die Krim aus der angeblich kontinuierlichen engen Verbindung zwischen Russland und der Krim ab. Die Jahrhunderte der krimtatarischen Herrschaft beziehungsweise des Osmanischen Reiches seit dem 15. Jahrhundert wurden ausgelassen. In seiner Rede spannte Putin den Bogen vom Russischen Reich zur Sowjetunion bis hin zum heutigen Russland. Die Ukrainische SSR, die Unabhängigkeit der Ukraine und das auch von der Krim-Bevölkerung mit einer knappen Mehrheit unterstützte Referendum über die Unabhängigkeit der Ukraine vom 1. Dezember 1991 blieben unerwähnt.

Die Rede spielte bewusst mit Emotionen: Dass die Krim 1991 Teil eines anderen Staates wurde, hinterließ laut Putin in Russland und auf der Krim das Gefühl, «ausgeraubt worden zu sein», doch habe es unter den gegebenen Umständen nicht sofort eine Möglichkeit gegeben, gegen diese «Ungerechtigkeit» vorzugehen. Er unterstrich, dass «im Herzen und im Bewusstsein der Menschen» die Krim ein nicht wegzudenkender Teil Russlands geblieben und diese Überzeugung von einer Generation an die nächste weitergegeben worden sei. Putin appellierte sogar direkt an die Deutschen, die das Streben nach Wiedervereinigung, das man auch in der russischen Welt *(russkii mir)* empfinde, am besten verstehen könnten. In dieser Rede sprach Putin über den Verlust russischen Territoriums an die ukrainische Unionsrepublik in der frühen Sowjetzeit. Er ging somit bereits über den konkreten territorialen Anspruch auf die Krim hinaus. In der Krim-Rede fanden sich viele Versatzstücke der Kriegsrhetorik von 2022. Putin beschuldigte die ukrainische Regierung, «den Russen» im Land ihre historische Erinnerung und Muttersprache zu nehmen und sie zwangsweise zu assimilieren. Auch war von der «staatlichen Dauerkrise» die Rede, die in der Ukraine seit über 20 Jahren herrsche. Die Euromaidan-Proteste wurden in Putins Lesart zum «Putsch», zu «Terror, Mord und Pogrome(n)» von «Nationalisten, Neonazis, Russophoben und Antisemiten», die sich ihren Einfluss auf die Ukraine erhalten hätten. Diese Dämonisierung der Proteste zog sich ab 2014 durch den staatlichen Mediendiskurs. Verschwiegen wurde systematisch, dass rechtsextreme Parteien gleich nach dem Euromaidan und in späteren Wahlen die Fünf-Prozent-Hürde verfehlten und nur über wenige Direktmandate im ukrainischen Parlament vertreten waren.

Putin behauptete zudem entgegen den Tatsachen, dass die Krim-Bevölkerung sich dem «Putsch» in Kyjiw entgegengestellt habe und deswegen Repressionen ausgesetzt gewesen sei. Einmal mehr argumentierte er, dass Russland von der Bevölkerung um Hilfe gebeten worden sei. Hier unterschied er allerdings noch zwischen der als illegitim dargestellten ukrainischen Regierung, die vor allem von den USA gelenkt werde, und der Idee einer Ukraine, die genauso wie Russland bedroht sei. Am Ende seiner Krim-Rede wandte sich Putin direkt an das ukrainische Volk und beteuerte noch, dessen nationalen Gefühle und territoriale Integrität zu respektieren und kein Interesse an anderen Regionen der Ukraine zu haben.

Putins Rede führte direkt zur Unterschrift unter dem Vertrag über den «Beitritt» der Krim und Sewastopols (als zwei separate Subjekte) zur Russländischen Föderation. Am 21. März wurde der «Beitritt» im Föderationsrat ratifiziert, und am 24. März verließen die letzten Einheiten der ukrainischen Armee die Halbinsel. Die UN-Generalversammlung hielt am 27. März in einer Resolution fest, dass die territoriale Integrität der Ukraine weiterhin Bestand habe (100 Staaten stimmten für die Resolution, 11 dagegen, und 58 enthielten sich). Zuvor war eine ähnliche Resolution im UN-Sicherheitsrat am Veto Russlands gescheitert. In der Folge erreichten die Beziehungen zwischen dem Westen und Russland einen ersten Tiefpunkt. Die EU, die USA und andere Staaten verhängten in Reaktion auf den Verstoß gegen das Völkerrecht Sanktionen. Laut kremlnaher Experten war die russische Regierung vom ersten EU-Konsens dieser Art überrascht. Ab März 2014 wurden von der EU in mehreren Schritten sowohl Sanktionen gegen Einzelpersonen (Einreiseverbote, Einfrieren von Vermögenswerten) als auch Wirtschaftssanktionen eingeführt, so z. B. gegen Einfuhren aus den annektierten Gebieten, Infrastruktur- und Finanzinvestitionen sowie touristische Dienstleistungen auf der Krim sowie Restriktionen im Verkehrs-, Telekommunikations- und Energiesektor. Ein geplanter EU-Russland-Gipfel wurde abgesagt, die Verhandlungen über Visaliberalisierung wurden ausgesetzt, und Russland wurde aus dem G8-Verbund der Industriestaaten ausgeschlossen, der seitdem als G7 fortbesteht. Doch Russland ist weiterhin Mitglied der G20, zu der auch China und Indien gehören. Russland antwortete mit eigenen Sanktionen gegen Einzelpersonen und Gütereinfuhren.

Für Putin spielten strategische Überlegungen eine zentrale

Rolle: Mit der Annexion der Krim erweiterte Russland de facto seine militärische und politische Hoheit im Schwarzmeerraum. Zugleich nutzte Putin bewusst die geschichtspolitische Resonanz der Krim als innenpolitische Legitimation für die immer expliziter formulierten neo-imperialen Machtansprüche. Putin konnte mit der Annexion auch seine eigene Position stärken. Seine Popularität stieg in Umfragen des unabhängigen Levada-Instituts nach der Krim-Annexion von zuvor etwa 60 Prozent auf über 80 Prozent. Sozialwissenschaftliche Analysen auf der Grundlage von Vergleichsdaten vor und nach der Annexion zeigen neben steigenden Beliebtheitswerten auch eine stärkere Ausprägung von Emotionen, wie Stolz, Hoffnung und Vertrauen. Diese Daten deuten darauf hin, dass die Annexion der Krim zu einer größeren Deckungsgleichheit zwischen den patriotischen Gefühlen der Bevölkerung Russlands und der gelebten Realität führte. Eine an staatliche Größe geknüpfte Identität wurde wieder mit konkretem Inhalt gefüllt. Der auf den Slogan «Die Krim gehört uns» *(Krim nasch)* verkürzte gesellschaftspolitische Konsens half dabei, die hohen Kosten zu rechtfertigen, die sowohl durch die westlichen Sanktionen entstanden als auch durch die hohen Subventionen aus dem russischen Staatshaushalt für die Krim, die noch über denen für den Nordkaukasus (inkl. Tschetschenien) lagen.

Auch wenn die EU-Sanktionen regelmäßig verlängert wurden und westliche Staaten die Annexion nicht anerkannten, wurde zugleich weithin akzeptiert, dass eine Rückkehr der Krim zur Ukraine auf vorhersehbare Zeit unmöglich sein würde, zumindest bis zum Ende der Putin-Ära. US-Außenminister Mike Pompeo verdeutlichte diese Dualität in seiner «Krim-Deklaration» 2018, die das Versprechen, die Annexion nicht anzuerkennen, mit einem Hinweis auf die «Wells-Deklaration» der USA aus dem Jahr 1940 verband. Letztere hatte die Nicht-Anerkennung der Annexion der baltischen Staaten durch die Sowjetunion festgehalten, ohne an deren De-facto-Akzeptanz über 50 Jahre etwas ändern zu können. Das Ausklammern der Krim-Thematik und eine größere Fokussierung auf den Donbas-Krieg und das Minsker Abkommen, das einen konkreteren Anknüpfungspunkt für Verhandlungen zu bieten schien, hat auch in Deutschland Raum für einen Subtext geschaffen, der Teile der *Krim-nasch*-Logik widerspiegelt und die historischen Ansprüche Russlands in Teilen akzeptiert. Meistens eingeläutet mit der Formulierung «Es war ein Völkerrechtsbruch, aber ...», ist die These, dass die Krim «schon immer russisch gewesen sei», selbst nach 2022 noch weit verbreitet, auch wenn sie u. a. Jahrhunderte krimtatarischer Geschichte und die Integration der Krim in die ukrainische Sowjetrepublik ab 1954 verdrängt.

Die Geschichte der Krim ist seit jeher vom Mit- und Gegeneinander verschiedener Völker, Staaten und Imperien geprägt worden. Seit 1991 dominieren drei aus der Geschichte der Region abgeleitete Ansprüche die Politik der Region: der krimtatarische, der russische und der ukrainische. Der ukrainische Anspruch ist der völkerrechtlich legitime, der sich darüber hinaus mit den Forderungen der krimtatarischen Nationalbewegung vereinbaren lässt. Die Krimtataren verstehen sich als indigenes Volk der Krim, ein Status, der 2021 durch das ukrainische Parlament gesetzlich verankert wurde – d. h. sechs Jahre nach der Annexion durch Russland. Die Erfahrung der Deportation unter Stalin 1944 und die Erinnerung an diese haben die nationale Identität der Krimtataren und Krimtatarinnen eng mit dem Territorium der Krim verknüpft, auch wenn das Krim-Khanat weitere Regionen nördlich der Krim umfasste und sich nicht vorrangig über eine ethnoterritoriale Identität definierte. Das Khanat der Krimtataren entstand als einer der Nachfolgestaaten des Mongolenreichs Mitte des 15. Jahrhunderts. Es existierte zunächst als unabhängiges Imperium und später als Protektorat des Osmanischen Reiches bis zur Eroberung der Krim durch das Zarenreich 1783.

Die krimtatarische Erinnerung hatte sich trotz aller Russifizierungs- und Sowjetisierungsmaßnahmen fest in die physische und imaginierte Landschaft der Krim eingeschrieben. Die krimtatarischen Namen für Bergketten und Felsformationen und die dazugehörenden Legenden gehörten auch in und nach der Sowjetunion zur kulturellen Identität der regionalen Bevölkerung. Mit der Ankunft der Krimtataren und Krimtatarinnen auf der

Krim nach 1991 – etwa 250000 Menschen innerhalb weniger Jahre – ging der Aufbau zunächst inoffizieller Siedlungen sowie die Etablierung einer parallelen politischen Struktur einher, die über eine Volksvertretung *(Kurultai)* und Exekutivräte *(Medschlis)* krimtatarische Interessen und historische Ansprüche effektiv in den regionalen und nationalen politischen Diskurs einbrachte. Es gab radikalere, teilweise aus dem Ausland unterstützte, politische und islamische Gruppierungen, aber sie blieben durch die festen Organisationsstrukturen der krimtatarischen Elite um den bekannten Dissidenten Mustafa Dschemiljew herum marginalisiert. Mitte der 1990er Jahre hatte die krimtatarische Bevölkerung sogar eine feste Anzahl von Sitzen im Krim-Parlament, so dass sie an den Verhandlungen über den Status der Region direkt beteiligt waren. Aus ihren ursprünglichen Forderungen nach einem nationalen Autonomiestatus wurde ein Beitrag zur Ausgestaltung der regionalen Autonomie und ihrer Anerkennung als indigenes Volk. Die krimtatarische Bevölkerung und ihre politische Vertretung haben dabei seit 1991 fest auf ihre Zugehörigkeit zum unabhängigen ukrainischen Staat gesetzt.

Der neo-imperiale Anspruch Russlands auf die Krim leitet sich aus einer zweigeteilten selektiven historischen Erinnerung ab: Politisch beginnt die russische Erzählung der Krim-Geschichte erst mit der Eroberung der Krim durch das Zarenreich im Jahre 1783. Der kulturelle Anknüpfungspunkt ist die (historisch nicht belegte) Taufe von Prinz Wladimir im Jahre 988 n. Chr. in Chersones, die die Halbinsel zur Wiege der russischen Orthodoxie erhebt. Die russische Historiographie entwirft Linien der Kontinuität aus dem Russischen Reich über die Sowjetunion bis heute. Diese in Denkmäler gegossene Erinnerung an die großen, oft verlustreichen Kämpfe, allen voran den Krim-Krieg in der Mitte des 19. Jahrhunderts und die Belagerung von Sewastopol im Zweiten Weltkrieg, sind als heldenhafte Verteidigung in die Erinnerungskultur eingegangen. Die Schwarzmeerflotte ist sowohl von großer strategischer als auch von symbolischer und identitätsstiftender Bedeutung in der russisch-sowjetischen Erinnerung. Die landschaftliche Schönheit, die Geschichte der Vielvölkerregion zwischen verschiedenen Imperien und die oft orientalisierende Sicht auf den krimtatarischen Alltag nimmt in der russischsprachigen Literatur und Kunst einen hohen Stellenwert ein – so etwa in den literarischen Werken von Alexander Puschkin, Lew Tolstoi, Marina Tswetaewa oder den Landschaftsgemälden von Iwan Aiwasowski – und ist somit ein fester Bestandteil der russisch(sprachig) geprägten Sicht auf eine Region, die sich über diese Quellen und Assoziationen in ganz Europa und global verbreitet hat. Literatur als Kulturexport hat einen Anteil an der internationalen Verbreitung und Vervielfältigung des kolonialen Blicks auf die Region. Literatur, die zum nationalen und globalen Kanon gehört, ist ein Teil von politischen Ansprüchen bzw. lässt diese unwidersprochen bestehen. Die Mehrheit der sich als ethnisch russisch definierenden Menschen auf der Krim und die überwiegende Russischsprachigkeit der über Jahrhunderte russifizierten Halbinsel sind ein willkommener Anknüpfungspunkt für die Identität und Rhetorik von *Krim nasch* («Die Krim gehört uns») ab 2014, insbesondere für Putins Argumentation, dass Russland die Aufgabe habe, ethnische Russen und Russinnen sowie russischsprachige Bevölkerungen zu schützen.

Ebenso ist es möglich, die Geschichte der «ukrainischen» Krim zu erzählen. Die ukrainische Krim ist neben der «krimtatarischen» und «russischen» Krim weniger ethnisch oder sprachlich definiert und in der nationalen Geschichtspolitik sowie im internationalen Diskurs weniger präsent. Es gibt «leisere» Arten von physischen und ideellen Verbindungen, die neben der russischen imperialen Perspektive und der an die Deportation gekoppelten krimtatarischen nationalen Identität ein weiterer wichtiger Bestandteil der Verflechtungsgeschichte dieser Region sind. Der Zensus des Zarenreichs aus dem Jahr 1897 verzeichnete eine ukrainischsprachige Bevölkerung in der Taurida genannten Region. Mychajlo Hruschewskyj, einer der einflussreichsten ukrainischen Intellektuellen des 19. Jahrhunderts, der sich eine nationale Historiographie zur Aufgabe machte, blieb in seiner Verortung der Krim ambivalent. Sowohl im Russischen Reich als auch in der Sowjetunion wurde durch bewusste

Siedlungspolitik der slawische Anteil der regionalen Bevölkerung erhöht, zuletzt nach der Deportation der Krimtataren und dem Zweiten Weltkrieg. Über diese Zwangsumsiedlungen erhöhte sich auch der ukrainische Bevölkerungsanteil auf der Krim, wenngleich Russisch die dominante Sprache blieb.

Der völkerrechtliche Anspruch der Ukraine auf die Krim wurde mit der internationalen Anerkennung der Unabhängigkeit 1991 in den Grenzen der Ukrainischen Sowjetrepublik besiegelt und von Russland in weiteren multi- und bilateralen Abkommen bestätigt. Der konkrete historische Anknüpfungspunkt für die Zugehörigkeit der Krim zum ukrainischen Staatsgebiet ist der Transfer der Krim 1954 von der Russischen Sozialistischen Föderativen Sowjetrepublik zur Ukrainischen Sozialistischen Sowjetrepublik. Zu Sowjetzeiten war diese Grenzanpassung wenig mehr als ein administrativer Akt. Dieser erhielt mit der Unabhängigkeit der Ukraine 1991 eine qualitativ neue Bedeutung. Das einprägsame Bild von Nikita Chruschtschows «Geschenk» an die Ukraine ist ein sowjetisches Konstrukt, das einen willkürlichen, nicht regelkonformen Transfer impliziert. Auf diese Weise lebt das «Geschenk» in der neo-imperialen Geschichtspolitik Russlands fort. Auch die westliche Sicht auf dieses Schlüsselereignis ist stark personifiziert und suggeriert neben Willkür auch ethnoterritoriale Absichten. Es gibt jedoch dokumentierte wirtschaftliche Überlegungen Chruschtschows, der sich bei einem Besuch auf der Krim 1953 von der zurückgebliebenen Entwicklung der Region selbst einen Eindruck verschaffen wollte und sich von der administrativen und wirtschaftlichen Integration der Krim in die Ukrainische SSR einen Entwicklungsschub versprach. Die sowjetische Propaganda nutzte den Anlass des 300-jährigen Jubiläums der Perejaslaw-Verträge der Kosaken mit dem Zarenreich als Anlass, den Transfer ideologisch zu untermauern, aber aus den Partei- und Staatsdokumenten der Zeit ist deutlich zu sehen, dass das Thema erst sehr spät Teil der Feierlichkeiten wurde. Die Entscheidung für den Transfer der Krim wurde demnach schnell getroffen. Chruschtschow war zu diesem Zeitpunkt in seiner Machtposition noch nicht so gestärkt, dass er Alleingänge hätte verantworten können. Alles spricht jedoch dafür, dass die Idee auf ihn zurückgeht und er sie schon in den 1940er Jahren als Vorsitzender der Kommunistischen Partei der Ukrainischen SSR Stalin als eine Art von Tausch im Kontext der Umsiedlungen von Ukrainern und Ukrainerinnen vorschlug. Dem Bericht eines Apparatschiks aus Chruschtschows Umfeld zufolge lehnte Stalin ab. Ob Chruschtschow 1953/54 in dieser Frage von eigenen Machtüberlegungen geleitet wurde, ist unklar. Die wirtschaftliche Logik bedeutete zugleich ein Risiko für ihn. Der von Putin und anderen Politikern Russlands benutzte Begriff der «Illegalität» des Transfers mutet allerdings merkwürdig an im sowjetischen Kontext, in dem Grenzverschiebungen nicht unüblich waren und generell Regeln an die jeweiligen Erfordernisse angepasst wurden. Das sowjetische System nahm in diesem Fall eine Abkürzung im offiziell vorgesehenen Entscheidungsprozess: Anstelle der gesamten Obersten Sowjets der RSFSR und der Ukrainischen SSR stimmten nur ihre Präsidien über die Entscheidung ab. Der Transfer von 1954 verstärkte die wirtschaftliche und politisch-administrative Integration der Krim in die Ukrainische SSR. Der Bau des Nord-Krim-Kanals, mit dem die problematische Wasserversorgung der Krim gesichert wurde, ist ein Beispiel für Integration durch Infrastruktur. Um diesen Kanal geht es auch in der gegenwärtigen Phase des Krieges.

Es gab zwischen ukrainischen und krimtatarischen Dissidenten zu Sowjetzeiten enge Beziehungen – auf persönlicher Ebene wurden diese Kontakte nach 1991 weitergepflegt. Vor diesem historischen Hintergrund und angesichts der Tatsache, dass erst innerhalb einer unabhängigen Ukraine die Rückkehr der krimtatarischen Bevölkerung möglich wurde, blieb die politische Nähe zwischen Schlüsselfiguren und historischen Erinnerungen erhalten. Die ungeregelte Ansiedlung von insgesamt über 250000 Krimtataren und Krimtatarinnen stellte die Region vor politische und administrative Herausforderungen, stärkte jedoch auch die Verbindung zwischen der Krim und Kyjiw. Die sukzessive politische Integration der Krim in den ukrainischen Staat erfolgte einerseits über den lange andauernden Verfassungsprozess, andererseits durch Wahlen. Die Krim-Bevölkerung beteiligte sich nicht weniger an den Parlaments- und Präsidentschaftswahlen als die Bevölkerung anderer Regionen und fügte sich in der Auswahl der Parteien in die politische Landschaft des Südostens der Ukraine ein. Teil der Ukraine zu sein wurde sowohl für die Eliten als auch die Bevölkerung auf der Krim zur Normalität.

Die rasche Integration der Krim in die Russländische Föderation machte die Menschen vor Ort im Frühjahr 2014 von einem Tag auf den anderen abhängig vom russischen Staat. Gehälter und Sozialausgaben wurden auf Rubel umgestellt. Russland erklärte alle Bewohner und Bewohnerinnen der Krim automatisch zu russischen Staatsbürgern und Staatsbürgerinnen. Die Lebensbedingungen verschlechterten sich sowohl im Vergleich zum Rest der Ukraine als auch zu Russland: Über eine hohe Inflations- und Teuerungsrate bezahlte die Krimbevölkerung einen nicht unerheblichen Preis für die Annexion. Viele Unternehmen mussten schließen. Die Krim war in ihrer Wasser-, Strom- und Lebensmittelversorgung von anderen Regionen der Ukraine abhängig gewesen. Russland investierte in neue Stromkabel und die im Mai 2018 von Putin selbst eröffnete neue Brücke, die die Krim mit dem russischen Festland verbindet. Ein Ersatz für die von Kyjiw nach der Krim-Annexion und dem Beginn des Kriegs im Donbas gestoppte Wasserversorgung aus dem Nord-Krim-Kanal konnte bis zu dessen Eroberung durch Russland 2022 nicht gefunden werden, was zu einer Ausdehnung der Steppengebiete führte. Der Wasserabfluss aus dem Kachowka-Stausee nach der Sprengung des Staudamms im Sommer 2023 hat die Wasserzufuhr erneut stark begrenzt. Das Stimmungsbild auf der Krim ließ sich nach 2014 nur aus persönlichen Berichten und einzelnen journalistischen Recherchen erahnen. Während die krimtatarische Bevölkerung eine Art parallele Existenz führte, schien die anfänglich optimistische Stimmung von einer pragmatischeren Akzeptanz der neuen Normalität abgelöst worden zu sein. Meinungsumfragen auf der Krim – von internationalen Institutionen und der unabhängigen russischen Agentur Levada – haben punktuelle Einblicke in den erschwerten Alltag, die abgebrochenen Beziehungen zu

Freunden und Verwandten in anderen Teilen der Ukraine und den Wunsch nach einer einfacheren Überquerung der De-facto-Grenze zur Region Cherson dokumentiert. Sie konnten in einem Kontext autoritärer Kontrolle das Ausmaß der Unterstützung für die Annexion und die Identifizierung mit Russland nicht verlässlich erfassen, enthielten aber klare Anzeichen für den Fortbestand krimtatarischer Opposition.

Der Zugang zu den übrigen Teilen der Ukraine bzw. die Reise aus anderen Regionen der Ukraine auf die Krim war seit 2014 über den Landweg nur in Ausnahmefällen erlaubt und selbst für Familienangehörige erschwert. Wer über Russland auf die Krim reiste, wurde für die ukrainischen Behörden zur Persona non grata ohne weiteren Zugang zur Ukraine. Der erschwerte Zugang von beiden Seiten beeinträchtigte auch die Berichterstattung vor Ort. Russland setzte Repressionen ein, insbesondere gegen die krimtatarische Bevölkerung, die Gruppe, die für die neue politische Elite ein Risikofaktor blieb. Die krimtatarischen politischen Organisationen sowie krimtatarische Medien wurden aufgelöst – viele verlagerten ihren Standort nach Kyjiw und in andere Teile des Landes. Ein neuer Exodus begann: Zehntausende verließen die Krim, darunter mindestens 40 000 Krimtataren und Krimtatarinnen, die sich unter anderem in Kyjiw und Lwiw niederließen. Für die krimtatarische Bevölkerung war es zum Teil die zweite oder dritte Erfahrung von Zwangsmigration. Russland betrieb eine aktive Siedlungspolitik und siedelte Russen und Russinnen aus anderen Landesteilen, auch aus den besetzten Gebieten des Donbas, auf der Krim an. Genaue Zahlen sind nicht bekannt, aber in der Ukraine gehen Schätzungen von mindestens 100 000 neuangesiedelten russischen bzw. russischsprachigen Menschen aus.

Trotz des klaren Bruchs des Völkerrechts vermochte die internationale Gemeinschaft die von Russland geschaffenen Fakten nicht zu revidieren und signalisierte zunehmend Bereitschaft, das Thema in den Beziehungen zu Russland weitgehend auszuklammern oder auf einen unbestimmten Zeitpunkt in der Zukunft zu vertagen. In Russland selbst klang der Krim-Effekt auf die Popularität Putins und das politische System allmählich ab.

Das Thema war aus der Sicht der Gesellschaft und der Eliten abgehakt. Die Verfassungsänderung von 2020 nahm einen Passus auf, dem zufolge es nicht zulässig ist, die territoriale Integrität der Russländischen Föderation in Frage zu stellen – eine letzte Absicherung der Krim-Annexion.

6. Der Krieg im Donbas seit 2014

Der Krieg im Donbas ab Frühjahr 2014 beschreibt die zweite Phase in Russlands Krieg gegen die Ukraine. Ohne die Annexion der Krim hätte es Russlands Krieg im Donbas in dieser Form und zu diesem Zeitpunkt nicht gegeben. Von der Annexion ging für separatistisch gesinnte Kräfte im Osten der Ukraine das Signal aus, dass ihre Mobilisierung eine Chance auf Unterstützung durch Russland hatte. Ohne diese externe Unterstützung wäre die Mobilisierung von Anfang an begrenzt oder gar unmöglich gewesen.

Die Donbas-Region, auch als Donezk-Becken bezeichnet, besteht aus den zwei administrativen Gebieten Donezk und Luhansk im Südosten der Ukraine. Vor 2014 machte die Bevölkerung des Donbas etwa 15 Prozent der Gesamtbevölkerung der Ukraine aus. Die Region wurde ab dem späten 19. Jahrhundert zu einem wichtigen Standort der Industrialisierung, Urbanisierung und Ansiedlung von ethnisch russischen oder russischsprachigen Arbeitern und Arbeiterinnen. Auch in der Sowjetunion blieb die Region mit ihren Kohlebergwerken, der Stahl- und verarbeitenden Industrie einer der wichtigsten industriellen Standorte. Diese Rolle spielte sie später auch für die unabhängige Ukraine, auch wenn die industrielle Infrastruktur zunehmend veraltete. Nicht die gesamten Gebiete Donezk und Luhansk waren in den Krieg ab 2014 involviert, wie es der Begriff «Donbas-Krieg» nahelegt, aber ab April 2014 war die Region de facto geteilt.

Die Anfänge des Krieges im Donbas liegen in den Wochen

nach dem Euromaidan und der Krim-Annexion. Auch im Süden und Osten des Landes hatten kleinere Euromaidan-Protestaktionen stattgefunden. Es kam zu Zusammenstößen mit regionalen Anti-Maidan-Kräften, die nicht unbedingt Janukowitsch unterstützten, aber eine diffuse Mischung aus separatistischen Ideen und anderen Sorgen der Bevölkerung aufgriffen. In Odesa spitzte sich diese Konfrontation zu: Anfang Mai kamen bei einem bis heute unzulänglich aufgeklärten Brand 48 separatistische Aktivisten und Aktivistinnen ums Leben, die im lokalen Gewerkschaftshaus Zuflucht gesucht hatten, und über 200 Menschen wurden im Zusammenhang mit lokalen Ausschreitungen verletzt. Der Europarat und die UN haben die unvollständige Aufarbeitung der Ereignisse mehrfach kritisiert. Letztendlich scheiterten separatistische Kräfte in Charkiw, Odesa und anderen Städten im Osten und Süden der Ukraine, hatten aber in Teilen des Donbas mehr Erfolg. Ähnlich wie auf der Krim gab es bis zur Annexion auch im Donbas keine einflussreichen und organisierten separatistischen Bewegungen, die sich auf die Mehrheit oder ein klar erkennbares Segment der regionalen Bevölkerung hätten stützen können. Eine Reihe marginalisierter russlandaffiner Gruppen nutzte 2014 die sich präsentierende Gelegenheit, besetzte Regierungsgebäude und verabschiedete im April eine Deklaration über die «Unabhängigkeit» der sogenannten «Volksrepubliken». Am 11. Mai fanden nach bekanntem Schema unter der Bezeichnung «Referendum» unfreie Abstimmungen statt, in denen sich angeblich über 90 Prozent der Teilnehmenden für die «Volksrepubliken» aussprachen. Im Januar 2023 kam der Europäische Gerichtshof für Menschenrechte (EGMR) zu dem Schluss, dass die sogenannten «separatistischen Gebiete» spätestens ab dem 11. Mai 2014 direkt unter der Aufsicht der Russländischen Föderation standen. Gegen Ende 2014 kamen «Präsidentschafts- und Parlamentswahlen» hinzu, die den Anschein staatlicher Unabhängigkeit stärken sollten.

Aus verschiedenen Umfragen ist klar ersichtlich, dass nur eine Minderheit in der gesamten Ukraine separatistischen Ideen aufgeschlossen gegenüberstand. Das Kyjiwer Internationale Institut für Soziologie fand in seiner ukraineweiten Umfrage (ohne die Krim) im April/Mai 2014, dass unter 7 Prozent separatistische Ideen positiv bewerteten und sich entweder die Unabhängigkeit ihrer Region oder den Anschluss an einen anderen Staat vorstellen konnten. Darüber hinaus sprachen sich ebenfalls weniger als 7 Prozent für mehr Autonomie in einer föderalen Ukraine aus. Der Donbas war die einzige Region in dieser Umfrage, in der sich ein knappes Drittel zu den beiden separatistischen Optionen (Unabhängigkeit bzw. Integration in einen anderen Staat) bekannte und weitere 23,5 Prozent mehr Autonomie befürworteten (KIIS 2014a). In den anderen östlichen und südlichen Regionen fanden die beiden Varianten des Separatismus nur den Zuspruch von 5 bis 7 Prozent, und weitere 7 bis 9,5 Prozent unterstützten die nicht weiter spezifizierte Idee von Autonomie. Diese Umfrageergebnisse zeigen im Donbas einen stärker ausgeprägten gesellschaftlichen Rückhalt für Separatismus und Autonomie als in anderen Teilen des Landes. Aber auch hier stützte er sich nicht auf eine Bevölkerungsmehrheit. Eine weitere KIIS-Umfrage vom April 2014 bestätigte, dass etwa ein Drittel der Befragten in den Gebieten Donezk und Luhansk eine Abspaltung von der Ukraine unterstützt hätten, aber nur zwischen einem Fünftel (Donezk) und einem Viertel (Luhansk) die gewaltsame Besetzung lokaler administrativer Einrichtungen befürwortete (KIIS 2014b). Die abstrakte Idee des Separatismus war somit von größerer Attraktivität als die konkrete Umsetzung. Darüber hinaus sagt eine latente Zustimmung in Umfragen wenig aus über eine erfolgreiche Aktivierung dieses Gefühls. Allein aus den Umfragen erklärt sich somit nicht, warum die Mobilisierung in Teilen des Donbas gelang, während sie in anderen östlichen oder südlichen Regionen wie Charkiw oder Odesa nicht Fuß fassen konnte. Diese Besonderheit gilt es zu erklären, denn die Hintergrundfaktoren wie ein ethnisch russisches Segment der regionalen Bevölkerung (etwa 30 Prozent der Donbas-Bevölkerung beschrieben sich in Umfragen 2014 als ethnisch russisch und etwa 11 Prozent als russisch und ukrainisch) sowie eine starke russischsprachige Prägung sind im gesamten Südosten der Ukraine – v.a. im urbanen Raum – vorzufinden.

Ob Russland zu diesem Zeitpunkt separatistische Bestrebungen in anderen Teilen des Südostens gleichermaßen unterstützt hätte, bleibt Spekulation. Im Donbas waren die Voraussetzungen für das Eingreifen Russlands am günstigsten. Eine Kombination aus Umfragen und Analysen lokaler Mediendiskurse und Demonstrationen zeigt mehrere Trends: Es gab nicht das eine Thema oder die eine Motivation, die Aufgeschlossenheit gegenüber separatistischen Ideen oder aktive Mobilisierung bedingte. Unter denjenigen, die sich als «ethnisch russisch» bezeichneten, gab es zwar mehr Unterstützung für separatistische Ideen als unter denen, die ihre ethnische Identität als «ukrainisch» oder als «ukrainisch und russisch» bezeichneten, aber Ethnizität und Sprache waren auch hier nur für eine Minderheit ein politisch relevantes Thema. Das Maß an Separatismus, das den Donbas von den anderen Regionen des Südostens unterschied, war somit nicht in erster Linie auf ethnische oder linguistische Kriterien zurückzuführen.

Andere Themen spielten 2014 im Donbas eine wesentlich wichtigere Rolle: das generelle Gefühl, von Kyjiw politisch und wirtschaftlich über Jahre vernachlässigt worden und in einer sozioökonomischen Abwärtsspirale gefangen zu sein, obwohl der Donbas einen wichtigen Beitrag zur Wirtschaft des gesamten Landes geleistet hatte, sowie die Sorge vor den regionalen Implikationen einer Annäherung an die EU, die noch schwer abschätzbar erschienen. Auf die Frage nach den Hauptsorgen benannte eine klare Mehrheit wirtschaftliche Themen, insbesondere die Angst vor einem Zusammenbruch der ukrainischen Wirtschaft, Verzögerungen von Gehalts- und Rentenzahlungen und den Verlust von Arbeitsplätzen. Im Vergleich zu anderen Regionen verbanden sich diese Sorgen für die Donbas-Bevölkerung stärker mit dem Abbruch von wirtschaftlichen Beziehungen zu Russland.

Die Mobilisierung gelang in diesen Regionen bzw. Großstädten auch durch die Unterstützung der separatistischen Mobilisierung durch lokale Sicherheitskräfte und regionale Oligarchen sowie Russlands direkte Intervention, nicht zuletzt durch den russischen Militärgeheimdienst (GRU) und durch eine offensive

Medienpropaganda gegen die neue Regierung in Kyjiw, die als «Nazis» und «Faschisten» gebrandmarkt wurde. Diese Propaganda erreichte die Bevölkerung des Donbas direkt über russische Medien, aber auch lokale Medien fungierten als Echokammer. Die Position regionaler Oligarchen blieb ambivalent – ihr Hauptinteresse war es, ihren Einfluss und ihr Vermögen so weit wie möglich zu erhalten. Daher zeigten sie sich pragmatisch und in verschiedene Richtungen offen und nutzten separatistische Tendenzen auch als ein Instrument, um Druck auf Kyjiw auszuüben.

Die aus dem Euromaidan hervorgegangene Interimsregierung reagierte auf die Ausrufung der «Volksrepubliken», indem sie die ukrainischen Streitkräfte im Rahmen einer «Anti-Terror-Operation (ATO)» mobilisierte. Zwar konnten einige Orte zurückerobert werden, doch gelang es nicht, die ukrainische Kontrolle über diese Gebiete wiederherzustellen. Im Juni 2014 nahm nach dem Entschluss des Ständigen Rats der Organisation für Sicherheit und Zusammenarbeit in Europa (OSZE), zu dem auch Russland gehörte, eine Sonderbeobachtungsmission *(Special Monitoring Mission)* ihren Dienst auf. Hierbei handelte es sich um eine unbewaffnete, zivile Mission, deren Aufgabe es war, politische Entwicklungen und Menschenrechtsverletzungen zu dokumentieren. Darüber hinaus begann im Juni 2014 eine Trilaterale Kontaktgruppe in Minsk ihre zweiwöchigen Gespräche zwischen der Ukraine, Russland und der OSZE. Die von Russland unterstützten lokalen Eliten wurden teilweise in diese Gespräche einbezogen. Russland bestand darauf, im Minsk-Prozess nicht als Kriegspartei bezeichnet zu werden. Es definierte seine Rolle als die eines unabhängigen Beobachters und begrenzte damit sofort den Spielraum der Minsker Abkommen.

Am 17. Juli 2014 wurde über dem umkämpften Gebiet das malaysische Passagierflugzeug MH17 auf seinem Weg von Amsterdam nach Kuala Lumpur abgeschossen – alle 298 Passagiere kamen ums Leben. Russland legte Mitte 2015 sein Veto im Sicherheitsrat gegen ein UN-Sondertribunal ein. Internationale Ermittlungen bestätigten dennoch, dass es sich um eine russische Bug-Flugabwehrrakete gehandelt hatte. Ein niederländisches Strafgericht verurteilte im November 2022 vier in Russland ansässige Personen in Abwesenheit. Ein zweites Verfahren ist beim EGMR anhängig, und ein weiteres Verfahren wurde 2022 von der Internationalen Zivilluftfahrtorganisation eröffnet. Ohne umfassende und beständige militärische und finanzielle Unterstützung aus Russland hätten die separatistischen Kräfte den Sommer 2014 nicht überstehen können. Durch die ausgeweitete russische Beteiligung wurde der Krieg für die Ukraine verlustreicher. Am 5. September wurde mit Hilfe internationaler Vermittlung in Minsk ein erstes Waffenstillstandsabkommen – das Minsk-Protokoll – unterzeichnet. Die OSZE-Beobachtungsmission wurde nun die Hauptinstitution, die systematisch Waffenstillstandsverletzungen dokumentierte. Die weitere Eskalation vermochte sie aber nicht abzuwenden.

Putin, Poroschenko, Kanzlerin Angela Merkel und der französische Präsident François Hollande sowie die Anführer der sogenannten «Volksrepubliken» Donezk und Luhansk, Alexander Sachartschenko und Igor Plotnitsky, verhandelten am 12. Februar 2015 einen neuen Plan in Minsk (Minsk II). Mit 13 konkreten Punkten sollte er die Umsetzung des Minsk-Protokolls aus dem Vorjahr ermöglichen. Sie schrieben u.a. «den Abzug aller ausländischen bewaffneten Formationen und militärischer Ausrüstung» fest. Die Priorisierung der einzelnen Punkte blieb von Anfang an umstritten. Schon der erste Punkt, ein dauerhafter Waffenstillstand, wurde nie umgesetzt. Ausgehandelt und unterschrieben unter militärischem Druck, ist das Abkommen insgesamt nicht vorteilhaft für die Ukraine. Zu den Streitpunkten gehörten neben dem Status und den Wahlmodalitäten der nicht von Kyjiw kontrollierten Gebiete vor allem die Verschränkung der politischen und sicherheitsbezogenen Punkte. Russland stellte sich auf den Standpunkt, dass die Ukraine erst ganz am Ende des Prozesses die Kontrolle über ihr gesamtes Staatsgebiet zurückerhalten könne, während die Ukraine diesen Zugang zur Staatsgrenze in einem frühen Schritt einforderte.

Aus heutiger Sicht erscheint vielen das Minsker Abkommen in seinen zwei Teilen als von Anfang an zum Scheitern verurteilt, als Benachteiligung der Ukraine oder gar als Fehler der

EU-Vermittlungspolitik unter deutscher und französischer Führung. Doch waren Minsk I und II aus der Not geborene Waffenstillstandsabkommen. Minsk II konnte zu einem kritischen Zeitpunkt eine weitere Eskalation des Kriegsgeschehens verhindern. Ohne die Vereinbarung wären die sich abzeichnenden Kosten für die Ukraine noch weiter gestiegen und ihre Staatlichkeit schon 2014 noch stärker bedroht gewesen. Damals gab es keinen politischen Willen innerhalb der NATO, die ukrainische Regierung militärisch zu unterstützen – und die ukrainischen Streitkräfte waren noch nicht so gut aufgestellt wie 2022. In den Folgejahren bot das Minsk-Abkommen den einzigen Rahmen für direkte Gespräche zwischen der Ukraine und Russland mit Deutschland und Frankreich in der Vermittlerrolle. Temporäre Waffenstillstände, Gefangenenaustausche, humanitäre Maßnahmen gehörten zu den für die lokale Bevölkerung nicht unerheblichen Teilerfolgen. Andere Punkte, wie lokale Wahlen nach ukrainischer Gesetzgebung in den nicht von Kyjiw kontrollierten Gebieten, gefolgt von einem Sonderstatus, wurden nicht umgesetzt. De facto erkauften die Abkommen der Ukraine Zeit, ihre militärischen Kapazitäten auszubauen und an einer internationalen Allianz der Unterstützung zu arbeiten. Im Rückblick stellen deutsche und französische Politiker und Politikerinnen dies mitunter jedoch unglaubwürdig als das explizite Ziel der Abkommen dar.

Insgesamt hatte diese zweite Phase des Krieges gegen die Ukraine bis Ende 2021 etwa 14000 Menschenleben gekostet; ca. 1,5 Millionen Menschen wurden zu Binnenflüchtlingen, und etwa eine weitere Million floh nach Russland. Im Vergleich zur strategischen und symbolischen Bedeutung der Krim war der Krieg im Donbas für Moskau vor allem ein Hebel, um den ukrainischen Staat langfristig zu schwächen.

An der in den Minsker Abkommen verhandelten, sich mehrmals verschiebenden Waffenstillstandslinie, der «Kontaktlinie», entstand ein neues Grenzregime im Alltag der regionalen Bevölkerung, das Verhalten, Ansichten und Identitäten prägte. Zunächst markiert eine Waffenstillstandslinie eine temporäre Grenze, die sich über einen längeren Zeitraum hinweg in den

Alltag einschreibt und sie dadurch festigt. Vormals integrierte wirtschaftliche und soziale Räume und Netzwerke wurden angepasst. Die Grenzziehung wurde durch das Verhalten der Konfliktparteien verstärkt: Russland machte die Vergabe russischer Pässe zu einer Priorität, insbesondere vor der Duma-Wahl in Russland, schränkte über russische Medien und Mobilfunknetze den ukrainischen Informationsraum ein und begann mit der (Re-)Sozialisierung der Bevölkerung über das lokale Bildungssystem. Die von Kyjiw eingesetzte Blockade konnte diese Prozesse nicht aufhalten, trug aber in der Praxis zur Trennung der beiden Teile des Donbas bei.

Die Überquerung der «Kontaktlinie» war nur an wenigen Stellen möglich. Die Schwierigkeiten dabei waren je nach Entfernung, Zugang, Infrastruktur und Grenzpersonal unterschiedlich. Die Begegnungen über die Kontaktlinie hinweg waren sehr ungleich verteilt: Vor allem ältere Menschen kamen aus den «Volksrepubliken», um sich auf der von Kyjiw kontrollierten Seite ihre Rentenzahlungen abzuholen. Überquerungen in die andere Richtung waren sehr viel seltener. ZOiS-Umfragedaten und ethnographische Feldforschung aus dem Jahr 2019 zeigen, dass diejenigen, die aus den «Volksrepubliken» in den von Kyjiw kontrollierten Donbas kamen, sich ein Gefühl der Zugehörigkeit zum ukrainischen Staat bewahrt hatten. Zum Zeitpunkt der Umfrage überquerte insgesamt die Hälfte der Befragten in den «Volksrepubliken» mit unterschiedlicher Regelmäßigkeit die Kontaktlinie: Etwa 14 Prozent gingen einmal pro Monat auf die andere Seite und etwa 16 Prozent einmal in 6 Monaten. Hingegen gaben knapp über 90 Prozent der Befragten im von Kyjiw kontrollierten Donbas 2019 an, nie auf die andere Seite zu gehen. Etwa 50 Prozent der Befragten in den «Volksrepubliken» erklärten, Verwandte oder Freunde auf der von Kyjiw kontrollierten Seite zu haben; andersherum waren es nur knapp über 30 Prozent. In beiden Teilen des Donbas waren die persönlichen Verbindungen über die «Kontaktlinie» hinweg zwischen 2016 und 2019 rückläufig.

Soziologische Forschung in Kriegsgebieten ist generell schwierig. Insbesondere im von Russland kontrollierten Teil des Donbas gestaltete sich der Zugang zu und die Interpretation von Daten ab 2014 zunehmend komplizierter. Nicht zuletzt fehlt es an einer Datengrundlage, an denen sich z.B. die Repräsentativität von Umfragen im Kriegsgebiet eindeutig messen ließe. Für unabhängige ukrainische, russische und internationale Meinungsforschungsagenturen haben sich die legalen, ethisch vertretbaren und technischen Zugangsmöglichkeiten sowohl für Face-to-face-Befragungen als auch für Telefonumfragen zwischen 2014 und 2022 mehrfach verändert, so dass auch beim Vergleich der Daten für einen Zeitpunkt und über die Jahre hinweg Lücken bleiben. Dennoch ist es auch unter schwierigen Bedingungen eine Aufgabe der Wissenschaft, die Stimmen derer einzuholen, die direkt vom Krieg betroffen sind. Somit geht es weniger um exakt ermittelte Zahlen als um Trends, die sich aus dem Vergleich einer Reihe von Umfragen von wissenschaftlich anerkannten Instituten und Agenturen ergeben. Über einen Zeitraum von 2016 bis 2022 lässt sich hierbei eine wachsende Re-Orientierung der lokalen Bevölkerung in den von Russland kontrollierten «Volksrepubliken» feststellen. Dies hat sowohl mit der sogenannten «Passportisierung» und dem zunehmend kontrollierten Informationsraum zu tun als auch mit pragmatischen Bedürfnissen des Alltags. Eine klare Konstante über mehrere Jahre und Umfrageagenturen hinweg war jedoch der geringe Zuspruch für die Unabhängigkeit der sogenannten Volksrepubliken. Außerdem wurde immer wieder deutlich, dass sich eine Zweidrittelmehrheit in den von Kyjiw kontrollierten Gebieten des Donbas klar als Teil der Ukraine verstand. In diesen Gebieten wurde im Vergleich zu den vor Kriegsbeginn erhobenen Daten die Identifizierung mit dem ukrainischen Staat gestärkt. Ein weiterer Trend war eine vor Februar 2022 in beiden Teilen des Donbas verortete Mehrheit, die die Zugehörigkeit zur Ukraine oder zu Russland hinter die Frage nach dem persönlichen Lebensstandard zurückgestellt hätte.

Meinungsumfragen in der Ukraine insgesamt veranschaulichen, dass in der Zeit des Krieges eine am ukrainischen Staat und dem Prinzip der Staatsbürgerschaft festgemachte Identität *(civic identity)* gegenüber ethnisch definierten Identitäten deutlich an Bedeutung gewann. Vom ZOiS mit KIIS erhobene repräsentative Umfragedaten (ohne «Volksrepubliken» und die Krim) zeigten, dass die staatsbürgerliche Identität zwischen 2017 und 2018 von knapp unter 50 Prozent der Befragten als die wichtigste Identität unter zahlreichen Optionen angegeben wurde. In der Folgezeit variierte der Anteil derer, die sich einer staatszentrierten Identität zurechneten, aber der Wert blieb in unterschiedlichen Formulierungen und Kontexten über Jahre und Befragungen hinweg die wichtigste Identitätskategorie (mit 30–40 Prozent). Russlands Krieg gegen die Ukraine hatte somit schon in seinen ersten zwei Phasen eine übergeordnete staatliche Identität gestärkt, anstatt intern polarisierend zu wirken, wie von Russland intendiert und propagiert.

Bis 2013 war die Seegrenze zwischen der Ukraine und Russland immer noch nicht offiziell demarkiert worden. Ende 2003 hatten beide Länder einen bilateralen Vertrag über die gemeinsame Nutzung des Asowschen Meeres und der Straße von Kertsch unterzeichnet. Das internationale Seerechtsübereinkommen von 1982 erlaubt für jedes Schiff gleich welcher Herkunft die freie Durchfahrt. Seit der Krim-Annexion betrachtet Russland die Gewässer nahe der Krim als Teil seines Territoriums und kontrolliert beide Seiten der Straße von Kertsch, den einzigen Zugang zu den ukrainischen Häfen Mariupol und Berdjansk. Russland hatte auch die Präsenz seiner Marine im Schwarzen Meer und im Asowschen Meer verstärkt. Die 2018 eröffnete Brücke vom russischen Festland zur Krim behinderte den Zugang internationaler Schiffe zu den ukrainischen Häfen. Nur Schiffe einer begrenzten Höhe konnten die Brücke passieren. Administrativer Aufwand und Willkür der dem russischen Geheimdienst FSB unterstellten Küstenwache führten bei Kontrollen und Durchsuchungen zu Verzögerungen und gefährdeten die Attraktivität ukrainischer Häfen im internationalen Wettbewerb. Im November 2018 kam es zu einer militärischen Eskalation in der Meerenge von Kertsch zwischen dem Schwarzen und dem Asowschen Meer. Zwei Schiffe der ukrainischen Marine und ein Schlepper wurden durch ein russisches Schiff gewaltsam von der Durchfahrt in Richtung Mariupol abgehalten. Die russische Küstenwache rammte das Schleppschiff, beschoss und enterte die ukrainischen Schiffe. Dabei wurden mehrere ukrainische Soldaten verwundet und 23 Soldaten verhaftet. Sie kamen erst 2019 im Rahmen eines Gefangenenaustauschs frei, obwohl der Internationale Seegerichtshof zuvor bereits ihre Freilassung gefordert hatte. Diese direkte militärische Konfrontation verdeutlichte das ständig gegebene Eskalationspotenzial. Die ukrainische Regierung reagierte mit der Verhängung des Kriegsrechts auf den Zwischenfall, zunächst für 30 Tage. Nach dieser Frist wurde das Kriegsrecht verlängert, das Präsident Poroschenko zusätzliche Exekutivrechte einräumte. Dieser Moment bereitete die ukrainische Gesellschaft und Politik auf die Praxis des Kriegsrechts vor, das im Februar 2022 reaktiviert wurde.

In der zweiten Phase des Krieges gegen die Ukraine brachte Russland ein weiteres Gebiet des ukrainischen Staatsterritoriums de facto unter seine Kontrolle. Diese langanhaltende Phase von 2014 bis 2022 führte einerseits zu einem Modernisierungsschub in der ukrainischen Armee, andererseits gab es gewisse Gewöhnungseffekte. Die politischen Eliten und die Bevölkerung in anderen Regionen des Landes wollten sich nicht auf den schwelenden Krieg reduzieren lassen. Die Minsker Abkommen hatten eine Eskalation in einem Schlüsselmoment verhindert, konnten aber die Umsetzung der vereinbarten Punkte nicht garantieren. Die EU erließ eine Reihe weiterer Sanktionen als Antwort auf Russlands Krieg im Donbas. Durch die Fokussierung auf den Verlängerungsrhythmus der bestehenden Sanktionen in der in dieser Frage nicht immer geeinten EU und das bestehende Verhandlungsformat wurden weitere Schritte oder eine signifikante Ausdehnung der Sanktionen bis Februar 2022 nicht ernsthaft erwogen. Aus heutiger Perspektive wirken die ersten Sanktionspakete begrenzt, im Zeitraum zwischen 2014 und 2022 waren sie dennoch ein Novum für die EU. Sie stellten jedoch die Prioritäten einzelner Mitgliedstaaten, insbesondere das Großprojekt Nord Stream 2, nicht in Frage. Die Abhängigkeit einzelner EU-Staaten von russischen Gas- und Ölexporten stand in direktem Widerspruch zur Sanktionslogik. Die EU-

Mitgliedstaaten, die USA und die NATO waren zu diesem Zeitpunkt nicht bereit, ihre militärische und finanzielle Unterstützung für die Ukraine substantiell zu erhöhen. Es bestand die Hoffnung, den Krieg im Donbas «einzufrieren» oder zumindest kontrollierbar zu halten. Die Tatsache, dass die Annexion der Krim und der Krieg im Donbas ein innen- und außenpolitischer Test waren, der eine dritte Kriegsphase wahrscheinlicher machte, wurde im Westen verkannt.

7. Der Angriffskrieg seit dem 24. Februar 2022

Die Vorbereitung der dritten Kriegsphase begann im Frühjahr 2021 mit einem massiven russischen Truppenaufbau in der Nähe der russisch-ukrainischen Grenze. In kurzer Zeit wurden über 100 000 russische Soldaten und Kriegsgerät an die Westgrenze Russlands verlegt. US-Präsident Joe Biden reagierte neben zahlreichen Appellen und Warnungen mit einem Verhandlungsangebot an Wladimir Putin. Im April 2021 traf er sich in Genf mit seinem russischen Amtskollegen. Dieses Treffen kam dem langgehegten Wunsch Putins entgegen, für die ganze Welt sichtbar auf Augenhöhe mit dem amerikanischen Präsidenten zu verhandeln und somit Russlands internationale Rolle zu unterstreichen. Kurzfristig gab es die Hoffnung, dass Biden in einem neuen und überfälligen Sicherheitsdialog amerikanische und westliche Interessen klar formulieren, aber auch verhandelbare Themen ausloten und so Russlands militärischen Druck auf die Ukraine verringern könnte. Der US-Präsident signalisierte damit, dass die USA trotz ihrer strategischen Fokussierung auf China auch die Beziehungen zu Russland priorisierten.

Die Hoffnungen verpufften jedoch, bevor sie an Kontur gewinnen konnten. Im Dezember 2021 legte Putin den USA und der NATO jeweils einen Katalog ultimativer Forderungen vor, mit dem er eine nicht spezifizierte Drohung verband. Die Veröffentlichung der Forderungen widersprach dem diplomatischen Protokoll und unterstrich die Öffentlichkeitswirkung, auf die es der Kreml angelegt hatte. Mit diesen Maximalforderungen unternahm die russische Politik einen Versuch, das Rad der Zeit auf 1997 zurückzudrehen. Aus diesem Jahr stammt sowohl die NATO-Russland-Grundakte, die das Verhältnis zwischen NATO und Russland auf der Grundlage von Prinzipien wie Demokratie, Rechtstaatlichkeit und kooperativer Sicherheit mit Hilfe konsultativer Mechanismen und der Präsenz einer russischen Delegation im NATO-Hauptquartier in Brüssel auf eine neue Vertrauensbasis zu stellen versuchte, als auch die konkrete NATO-Beitrittsperspektive für Polen, Tschechien und Ungarn. Einer der zentralen Grundsätze der NATO-Russland-Grundakte war die «Achtung der Souveränität, Unabhängigkeit und territorialen Unversehrtheit aller Staaten sowie ihres naturgegebenen Rechtes, die Mittel zur Gewährleistung ihrer eigenen Sicherheit sowie der Unverletzlichkeit von Grenzen und des Selbstbestimmungsrechts der Völker, wie es in der Schlussakte von Helsinki und anderen OSZE-Dokumenten verankert ist, selbst zu wählen». Dieser zentrale Grundsatz öffnete mit Russlands Zustimmung den Weg zur NATO-Mitgliedschaft der ostmitteleuropäischen und baltischen Staaten.

Der in der Grundakte angelegte NATO-Russland-Dialog war vor Beginn der dritten Phase des Krieges bereits zum Erliegen gekommen. Zu den russischen Forderungen Ende 2021 gehörten der Rückzug jeglicher NATO-Präsenz aus den östlichen Mitgliedstaaten – die Grundakte hatte eine permanente Präsenz ausgeschlossen und zum Rotationsprinzip der NATO-Streitkräfte geführt –, die Annullierung der 2008 auf dem NATO-Gipfel von Bukarest formulierten Absichtserklärung, die Ukraine und Georgien in der Zukunft in die NATO aufnehmen zu wollen, und zusätzliche Sicherheitsgarantien. Die USA hatten unter Präsident George W. Bush beiden Ländern einen Aktionsplan mit konkreter Mitgliedschaftsperspektive anbieten wollen. Andere NATO-Staaten, darunter Deutschland und Frankreich, hatten dieses Vorhaben mit Blick auf Russlands mögliche Reaktionen und Russlands Einfluss im Donbas, in Abchasien und

Südossetien ausgebremst. Herausgekommen war eine höchst ambivalente Formulierung im Abschlusskommuniqué: «Die Ukraine und Georgien werden Mitglieder der NATO werden.» Diese prinzipielle Zusage enthielt keine zeitliche Perspektive und keinen konkreten Weg. Von Russland konnte diese Formulierung als Bedrohung der eigenen Sicherheit dargestellt werden; zugleich gab sie der Ukraine und Georgien nicht genügend Sicherheit.

Begleitet wurden die Forderungen Russlands Ende 2021 von einer wiederbelebten Diskussion über die vermeintlichen Versprechen westlicher Regierungen an Michail Gorbatschow im Zusammenhang mit der deutschen Wiedervereinigung, denen zufolge die NATO sich nicht über Deutschland hinaus gen Osten ausdehnen sollte. Die Aktenlage ist sehr viel eindeutiger, als es die diversen Schleifen dieser Diskussion vermuten lassen. Es gab bei den Verhandlungen über die deutsch-deutsche Einheit 1990 keine schriftlich vereinbarte und somit rechtskräftige Verpflichtung der NATO oder einzelner Mitgliedstaaten. In Gesprächsprotokollen, Notizen und Memoiren der an den Verhandlungen beteiligten Politiker und Politikerinnen sowie Diplomaten und Diplomatinnen finden sich Hinweise darauf, dass man Gorbatschow mündlich versichert habe, dass es nicht um eine Erweiterung der NATO nach Ostmitteleuropa gehe. Zu den Personen, die darauf hingewiesen haben, gehören Hans-Dietrich Genscher, James Baker, Douglas Hurd, Margaret Thatcher und William Burns. Auch der Zeitpunkt der Verhandlungen über Deutschlands Mitgliedschaft in der NATO spielt eine wichtige Rolle. 1990 bestanden die Sowjetunion und der Warschauer Pakt noch. Es wurde kein Vertrag geschlossen, der alle Eventualitäten der Zukunft abdecken konnte oder sollte. Nach 1991 formulierten dann die ostmitteleuropäischen Staaten auf der Grundlage ihrer Souveränität und sicherheitspolitischen Unabhängigkeit ihr Interesse an einer NATO- (und EU-)Mitgliedschaft und forderten diese zunächst zögerlichen Institutionen zu einer Neuorientierung heraus.

Die Zusammenarbeit zwischen der NATO und der Ukraine begann mit der NATO-Ukraine-Charta vom Juli 1997. Die

NATO unterstützte die Ukraine bei der Reform ihrer Streitkräfte und Sicherheitsorgane. Die Ukraine wiederum beteiligte sich an NATO-geführten Militäreinsätzen und an einer NATO Response Force. Nach der Kompromissformel des Bukarester Gipfels wurde auch der politische Kurs in der Ukraine wieder ambivalenter. Flankiert wurde dieser unter Präsident Janukowitsch von einem Gesetz aus dem Jahr 2010, dem zufolge eine Partnerschaft mit der NATO auf der Grundlage von Blockfreiheit angestrebt wurde. Der Euromaidan und Russlands Krieg gegen die Ukraine änderten die politische Positionierung erneut und generierten auch gesellschaftliche Unterstützung in den vormals skeptischeren Regionen im Südosten. Nach Russlands Annexion der Krim erhöhte die NATO ihre Präsenz im Schwarzen Meer und verstärkte die maritime Zusammenarbeit mit der Ukraine und Georgien. Der Fokus lag auf der Stärkung der ukrainischen Kapazitäten durch Reformen im Verteidigungs- und Sicherheitssektor, besseres Training und eine neue Ausstattung. In der Praxis ergriffen hierbei eher einzelne NATO-Mitgliedstaaten die Initiative als die NATO insgesamt. Präsident Poroschenko platzierte das außenpolitische Ziel des NATO-Beitritts weit oben auf seiner Agenda und bereitete die Verankerung des EU- und des NATO-Beitritts als Staatsziel mit Verfassungsrang vor. Die Verfassungsänderung erfolgte dann 2019 bereits unter Präsident Selenskyj. Die neue Nationale Sicherheitsstrategie der Ukraine vom September 2020 ging von einer besonderen NATO-Partnerschaft als Zwischenschritt zur Mitgliedschaft aus. Im Juni 2020 erhielt die Ukraine den Status eines «Enhanced Opportunities Partner» als Anerkennung des ukrainischen Beitrags zu NATO-geführten Missionen, wie z. B. in Afghanistan und im Kosovo. Hinzu kam 2021 noch ein «Individueller Partnerschaftsaktionsplan», der weitere NATO-Unterstützung vorsah. Eine Aufnahme der Ukraine in die NATO stand allerdings weiterhin nicht auf der Tagesordnung.

Die USA und die NATO gingen Anfang 2022 insofern auf Russlands Ultimatum ein, als dass sie schriftliche Antworten auf die übermittelten Forderungen lieferten. Am 26. Januar 2022 stellte die NATO klar, dass ein genereller Stopp der Osterweiterung für sie indiskutabel sei. Sie zeigte aber durchaus einen Verhandlungsspielraum in der Frage nach der Art und den Orten der NATO-Präsenz an der Ostgrenze der NATO auf. Russland stufte dieses Thema als «sekundär» ein und stellte damit unter Beweis, dass es nicht bereit war, Verhandlungen an einem realistischen Punkt zu eröffnen. Mitte Januar 2022 baute Russland seine militärische Präsenz in Belarus mit Truppen, Panzern und Artilleriegeschützen weiter aus. Ein gemeinsames Militärmanöver diente als Begründung. Mit seiner Unterstützung für Aljaksandr Lukaschenkas gewaltsame Niederschlagung der Protestwelle in Belarus 2020 hatte Putin dessen direkte Abhängigkeit von Moskau noch erhöht und konnte die militärische Integration von Russland und Belarus vorantreiben. Das Militärmanöver sollte am 20. Februar 2022 enden, wurde aber verlängert.

Am 21. Februar hielt Putin eine lange, im Staatsfernsehen übertragene Rede, in der er die gerade erklärte Unabhängigkeit der «Volksrepublik Donezk» und der «Volksrepublik Luhansk» anerkannte. Die Rede setzte dort an, wo Putin in seiner Krim-Rede aufgehört hatte. Er argumentierte, dass die Ukraine keine gefestigte Tradition der Staatlichkeit habe, und präsentierte seine historische Sicht: Lenin habe nach der Revolution der Ukraine Elemente einer Staatlichkeit zugesprochen und ihr Gebiete übertragen, die eigentlich russisch seien. Stalin und Chruschtschow wurden erwähnt als diejenigen, die nach dem Zweiten Weltkrieg und 1954 mit dem Transfer der Krim das künstliche Gebilde des ukrainischen Staates ausgebaut hätten. Seit 1991 habe sich die Ukraine erfolglos fremde Modelle angeeignet, die über einen «Staatsstreich» und «Bürgerkrieg» in eine Sackgasse geführt hätten. Die NATO wurde beschuldigt, aus der Ukraine einen «potentiellen Kriegsschauplatz» gemacht zu haben. Bei der Frage des NATO-Beitritts der Ukraine, war es für Putin unerheblich, wann genau dieser erfolgen könnte: «wenn nicht morgen, dann übermorgen». Putin schürte bewusst Angst vor einem Angriff auf Russland. Er unterstrich die angebliche Bereitschaft Russlands zu Verhandlungen, nannte aber klar die Bedingung, die keinen Spielraum für Verhandlungen mit der

NATO aufzeigte: eine Rückkehr zur Ausgangsposition vor der NATO-Osterweiterung 1997. Auch wenn die USA und die NATO in Aussicht gestellt hatten, über die Art der militärischen Präsenz zu verhandeln, wirkte es in Putins Rede so, als sei keine Antwort des Westens eingegangen.

Die stärkste Behauptung in dieser ausufernden Rede war die grundlose Anschuldigung, dass die Ukraine im Donbas einen «Genozid» an der Bevölkerung verübe, die lediglich ihre Sprache, Kultur und Traditionen erhalten wolle. Der vereinbarte Waffenstillstand im Donbas hatte nie gehalten, und beiden Seiten sind Waffenstillstandsverletzungen durch die OSZE-Beobachtungsmission nachgewiesen worden. Doch hat es im Donbas niemals einen «Genozid» an der russischsprachigen Bevölkerung gegeben. Putins Begrifflichkeiten sollten der eigenen Bevölkerung die Dringlichkeit der Lage vor Augen führen. In ihrer Substanz kam die Rede einer Kriegserklärung an die Ukraine gleich.

Putins Rede am Tag der großangelegten Invasion am 24. Februar knüpfte nahtlos an die vorangegangene Rede an. Die Wörter «Genozid», «Nationalisten», «Neonazis» wurden erneut bemüht: Russland müsse die Zivilbevölkerung in den «Volksrepubliken», russische Staatsbürger und letztendlich sich selbst schützen. Putin bezeichnete den Angriff als «militärische Spezialoperation» und nannte als diffuse Ziele die «Entmilitarisierung» und «Entnazifizierung» der Ukraine. Der Angriff zielte in erster Linie auf die Regierung in Kyjiw. Auch der ukrainischen Armee wurde in Aussicht gestellt, verschont zu bleiben, solange sie die Waffen niederlege.

In den frühen Morgenstunden des 24. Februar griff Russland die Ukraine aus verschiedenen Richtungen gleichzeitig an – mit Luftangriffen auf die Hauptstadt Kyjiw und die Großstadt Charkiw sowie auf Städte in der Zentral- und Westukraine. Panzerkolonnen rückten von Norden und Südosten auf die Hauptstadt vor. Die Einnahme Kyjiws gelang den russischen Truppen nicht. Die Erwartung, dass sie als Befreier in der Ukraine begrüßt würden, erwies sich als völlige Fehlannahme. Die russischen Truppen waren schlecht vorbereitet; viele wussten anscheinend gar nicht, dass sie in einen Krieg zogen. Lange Panzerkolonnen auf den Zubringerstraßen nach Kyjiw hatten mit logistischen Problemen zu kämpfen und waren ein einfaches Ziel für die mobilen ukrainischen Streitkräfte. In dieser Phase konnte die ukrainische Armee ihre eigenen Bestände wie auch die ersten westlichen Waffenlieferungen, v.a. einfach zu bedienende Flugabwehrraketen, effektiv einsetzen. In Kyjiw selbst vermieden es die russischen Truppen, sich auf einen riskanten Straßen- und Häuserkampf einzulassen.

Von der Entscheidung Selenskyjs, sich nach dem Großangriff auf Kyjiw nicht außer Landes oder in der Westukraine in Sicherheit zu bringen, ging ein wichtiges Signal aus – für die Mobilisierung der ukrainischen Armee, den zivilen Widerstand der Bevölkerung und westliche militärische Unterstützung. Die Annahme, dass die Ukraine dem Angriff Russlands nicht lange widerstehen könne, war anfangs in westlichen Regierungs- und Geheimdienstkreisen weit verbreitet. Die militärische Stärke Russlands war weithin überschätzt und die Kapazitäten und Entschlossenheit der Ukraine unterschätzt worden. Westliche Regierungen und Institutionen passten ihre Politik an und fuhren die politische, finanzielle und militärische Unterstützung für die Ukraine hoch. Ende Februar 2022 läutete Bundeskanzler Olaf Scholz in einer Rede im Bundestag die «Zeitenwende» ein, die mit dem Nachkriegskonsens aufräumte, dass Deutschland keine militärische Ausrüstung in Kriegsgebiete liefern dürfe. Die Ankündigung einer historischen Neuausrichtung der deutschen Sicherheitspolitik und eines Sondervermögens für die Bundeswehr wurde von einer gesellschaftlichen Mehrheit getragen. Vor dem Hintergrund der deutschen Geschichte war diese rasche konzeptionelle Anpassung bemerkenswert, auch wenn die konkrete Ausgestaltung dieser neuen Politik in den darauffolgenden Monaten und Jahren kontrovers und lückenhaft blieb – v.a. mit Blick auf die Waffenlieferungen in die Ukraine.

Selenskyj wuchs schnell in die Rolle des Kriegspräsidenten hinein. Der Unterschied zwischen Putins langen Reden vom Büroschreibtisch aus und Selenskyjs täglichen Videobotschaften an alle Ukrainer und Ukrainerinnen, seine Nutzung sozialer

Medien, seine virtuelle und ab Ende 2022 auch persönliche Teilnahme an Sitzungen westlicher Regierungen und Parlamente, der EU, der NATO sowie seine spontanen Besuche von Kriegsschauplätzen hätte nicht größer sein können.

Trotz des sofortigen starken militärischen und zivilen Widerstands signalisierte die ukrainische Regierung früh Verhandlungsbereitschaft. Eine russische und eine ukrainische Delegation nahmen schon in der ersten Woche der Vollinvasion direkte Verhandlungen auf. Die ersten Gespräche wurden in Belarus geführt, einmal am 28. Februar nahe der russischen Grenze und einmal Anfang März nahe der polnischen Grenze. Belarus war hierbei für die Ukraine keineswegs neutrales Territorium. Daher bezeugten die risikobehafteten Reisen der hochrangig besetzten ukrainischen Delegation, dass die ukrainische Seite ernsthaft alle Optionen prüfen wollte. Die Zusammensetzung der russischen Delegation ließ hingegen an ihrem Mandat und der Ernsthaftigkeit der Verhandlungen zweifeln.

Die nächsten direkten Verhandlungen fanden in der Türkei statt. Auch Israel versuchte sich in einer Vermittlerrolle, während sich China – das Land mit dem größtmöglichen Einfluss auf Russland – auf vage Aufrufe zur Beendigung der «Krise» beschränkte und nach Februar 2022 die Beziehungen zu Russland vertiefte und so wirtschaftlich und politisch von Russlands wachsender Abhängigkeit profitierte. Die Außenminister der Ukraine und Russlands, Dmytro Kuleba und Sergei Lawrow, trafen am 10. März in Antalya aufeinander. Ende März setzten die Delegationen die Verhandlungen in Istanbul fort. Im Gegenzug für einen Verzicht auf den NATO-Beitritt und Neutralität forderte die Ukraine belastbare Sicherheitsgarantien. Die Garantiestaaten sollten sich auch dazu verpflichten, den EU-Beitritt der Ukraine zu unterstützen. Der Status der Krim, so der ukrainische Vorschlag, sollte über einen Zeitraum von 15 Jahren verhandelt werden. In einem direkten Treffen hätten Selenskiy und Putin die Details finalisieren müssen. Der vorgelegte Plan enthielt keine expliziten Vorschläge für die besetzten Gebiete im Donbas, aber die ukrainische Delegation sprach von einer Rückkehr zur «Kontaktlinie» vom 23. Februar 2022. Der

Kreml ließ sofort verlauten, dass der Status der Krim nicht verhandelbar sei und ein Treffen auf Präsidentenebene nicht stattfinden würde. Von Anfang an zeigte die russische Regierung somit keinen politischen Willen, ernsthaft zu verhandeln, nicht einmal über die Neutralität der Ukraine.

Die russisch-ukrainischen Verhandlungen wurden im April 2022 fortgeführt, aber ihr Kontext veränderte sich beständig. Als sich die russischen Truppen aus den Vororten Kyjiws und den Gebieten westlich von Charkiw zurückzogen, wurde ab Ende März das Ausmaß ihrer Kriegsverbrechen deutlich. Human Rights Watch gehörte zu den Organisationen, die ab Ende März Kriegsverbrechen öffentlich dokumentierten. Mit dem wachsenden Kenntnisstand über die Kriegsverbrechen der russischen Truppen in Butscha, Irpin und anderen Orten schwand die Verhandlungsbereitschaft auf ukrainischer Seite. Die Tatsache, dass sich die Ukraine länger und effektiver verteidigen konnte als zunächst angenommen, sowie die Unterstützung durch die NATO, die EU und westliche Regierungen waren ein Teil dieser neuen Realität. In ihrer Abfolge unterstrichen die Kyjiw-Besuche der EU-Kommissionspräsidentin Ursula von der Leyen und des EU-Außenbeauftragten Josep Borrell am 8. April, des britischen Premierministers Boris Johnson am 9. April 2022 und des NATO-Generalsekretärs Jens Stoltenberg am 20. April die qualitativ neue Art der Unterstützung.

Auf der Grundlage der Dokumentation von Kriegsverbrechen durch ukrainische und internationale Organisationen sowie unzählige Einzelpersonen werden nationale und internationale Gerichte ihre Urteile fällen. Zu einer Schlüsselfrage wurde, ob Russlands Kriegsführung über Kriegsverbrechen und Verbrechen gegen die Menschlichkeit hinaus als Genozid klassifiziert werden muss. Der Rechtsweg dorthin ist lang. Die offizielle Kriegsrhetorik Russlands ist explizit genozidal: Das ursprünglich kommunizierte Kriegsziel eines erzwungenen Regierungswechsels in Kyjiw wurde rasch von Putin, dem stellvertretenden Vorsitzenden des Sicherheitsrats Dmitri Medwedew, Außenminister Sergei Lawrow und anderen russischen Eliten umgewandelt in den Aufruf zur Zerstörung des ukrainischen Staats, der Bevölkerung und der Idee einer eigenständigen ukrainischen Nation.

Die Angriffe auf die ukrainische Infrastruktur und Zivilbevölkerung wurden zum Kriegsalltag. Die strategisch und wirtschaftlich wichtige ukrainische Hafenstadt Mariupol fiel im März 2022 in russische Hände, nachdem die Stadt fast völlig zerstört worden war. Vereinbarungen über humanitäre Korridore wurden mehrfach gebrochen, und die letzten Soldaten und Zivilisten, die sich im Azowstal-Werk unter menschenunwürdigen Bedingungen verschanzt hatten, mussten im Mai 2022 aufgeben. Russland eroberte einen Landkorridor vom Donbas bis Mariupol und zum Nord-Krim-Kanal. Russlands Vorstoß auf Cherson gelang, aber Pläne, dort ähnlich wie in Donezk und Luhansk Marionettenrepubliken zu installieren, scheiterten zunächst an den regelmäßigen Protesten gegen die Besatzer. Im September 2022 vertrieb eine ukrainische Gegenoffensive in kürzester Zeit die russischen Truppen im Nordosten bis an die ukrainisch-russische Staatsgrenze. Am 30. September 2022 versuchte Russland seine Territorialgewinne dadurch abzusichern, dass vier Regionen der Ukraine (Donezk, Luhansk, Saporischschja und Cherson) nach Scheinreferenden zu Teilen der Russländischen Föderation umdefiniert wurden und als «neue Regionen» in den russischen Sprachgebrauch eingingen. Weder zu diesem noch zu einem späteren Zeitpunkt hielten russische Truppen diese Regionen in ihren ukrainischen administrativen Grenzen vollständig besetzt. Die Frontlinie verschob sich mehrfach, und die Stadt Cherson wurde von ukrainischen Truppen zurückerobert.

Am 21. September 2022 verkündete Putin die Mobilmachung von 300 000 weiteren Soldaten und bezeichnete diesen Schritt als notwendige Maßnahme im Kampf gegen «den kollektiven Westen». Die offizielle Staatsrhetorik Russlands präsentierte den Krieg zunehmend als direkte Konfrontation mit dem Westen und der NATO. Auch wenn von einer Teilmobilmachung die Rede war, so brachte sie die Dimensionen der «Spezialoperation» der Bevölkerung Russlands näher. Rekrutiert wurde stärker in den ärmeren Regionen und unter ethnischen Minderheiten, wie z.B. den Burjaten, als in Moskau oder St. Petersburg, wo die Regierung keine Proteste riskieren wollte. Seit Beginn der Vollinvasion haben bis zu eine Million Menschen Russland verlassen und sich u.a. in Armenien, Georgien, Zentralasien, der Türkei und Serbien niedergelassen. In dieser Emigration mischen sich politische Opposition mit Furcht vor der Mobilisierung und wirtschaftliche Motive.

Im Oktober 2022 zerstörte eine Explosion Teile der von Russland errichteten Krim-Brücke. Damit wurde deutlich, dass die Krim und insbesondere die über sie laufenden zentralen Versorgungslinien in dieser dritten Phase des Krieges eine wichtige Rolle spielen würden. Das Kriegsgeschehen im Schwarzen Meer blieb dynamisch – v.a. durch gezielte Angriffe mit ukrainischen Drohnen und westlichen Waffensystemen. Vor der Küste von Odesa gelang den ukrainischen Streitkräften mit dem Versenken des Flaggschiffs der Schwarzmeerflotte «Moskwa» bereits im April 2022 ein symbolträchtiger Schlag. Dessen Vorgeschichte ist auf einer inzwischen zur Ikone des ukrainischen Widerstands gewordenen Briefmarke der ukrainischen Post verewigt worden. Auf ihr zeigt ein ukrainischer Grenzsoldat dem Schiff «Moskwa» den Mittelfinger. Der auf der Schlangeninsel im Schwarzen Meer stationierte abgebildete ukrainische Grenzsoldat hatte am ersten Tag der Vollinvasion der Aufforderung russischer Streitkräfte, sich zu ergeben, eine klare Absage erteilt.

Ein mit Hilfe der Türkei und der UN verhandeltes Abkommen zwischen der Ukraine und Russland ermöglichte es der Ukraine ab Juli 2022 wieder, Getreide, Mais, Sonnenblumenöl und Düngemittel über das Schwarze Meer zu exportieren. Das fragile Abkommen wurde im November 2022 und im März 2023 verlängert, bevor Russland es im Sommer 2023 aufkündigte. Gezielte Angriffe der Ukraine im Schwarzen Meer eröffneten jedoch über einen militärisch geschützten Korridor entlang der ukrainischen Küste eine neue Exportroute.

Auch wenn Russland weiterhin in regelmäßigen Abständen Städte im ganzen Land bombardierte, so wurde seit dem Herbst 2022 im Donbas ein an den Ersten Weltkrieg erinnernder Stellungs- und Abnutzungskrieg aus den Schützengräben geführt.

Der Kampf um Bachmut im Winter 2022/23 wurde zum Symbol dieser Art der Kriegsführung. Das Übergewicht an russischer Artillerie unterschiedlicher Reichweite, der Einsatz der russischen Söldnergruppe von Jewgeni Prigoschin und fehlende Luftabwehr auf ukrainischer Seite ließen Russland langsam vorrücken. Eine lang geplante Gegenoffensive der Ukraine konnte ab Frühsommer 2023 durch den Mangel an Munition, Luftabwehr und Artillerie sowie Anpassungen in der russischen Kriegsführung den Erfolg vom Herbst 2022 nicht wiederholen.

Am 6. Juni 2023 brach nach einer Explosion der an einem der größten Wasserreservoire der Ukraine gelegene Kachowka-Staudamm in der südukrainischen Region Cherson, einem wichtigen Standort für Landwirtschaft und Stromproduktion. Die Ukraine und Russland beschuldigten sich gegenseitig, doch ist klar, dass die Ukraine kein Interesse an der Zerstörung der Lebensgrundlage von Millionen von Menschen haben konnte. Auf die Hochwasserwelle folgte ein Absinken des Wasserpegels. Die Kühlwasserversorgung des Atomkraftwerks Saporischschja wurde zeitweilig unterbrochen, und es zeichneten sich rasch langfristige Umweltschäden ab.

Im Juni 2023 zeigte Jewgeni Prigoschin, der seit dem Frühjahr öffentlich Kritik an der russischen Kriegsführung geübt hatte, kurzzeitig Risse im politischen System Russlands auf. Kurz bevor Privatarmeen ab dem 1. Juli dem Verteidigungsministerium unterstellt werden sollten, kündigte Priogoschin am 23. Juni 2023 an, mit seinen Truppen aus der Ukraine nach Rostow am Don zu marschieren. Mit der aktiven und passiven Unterstützung militärischer Eliten rückte er am 24. Juni über Rostow hinaus in Richtung Moskau vor. In Russland und international hielten viele den Atem an. Putin sprach von der Gefahr eines Bürgerkriegs und verstärkte damit die Spekulationen über die Schwäche des Systems. Innerhalb von 24 Stunden war der Aufstand vorbei. Etwa 300 Kilometer vor Moskau gab Prigoschin auf. Letztendlich fehlte es ihm an der nötigen Unterstützung. Angeblich soll der belarusische Machthaber Lukaschenka vermittelt haben. Zwei Monate später war Prigoschin tot – er stürzte unter nicht geklärten Umständen mit seinem Privatflugzeug ab. Der Kreml beendete die zunächst bewusst geschaffenen Freiräume privater Sondereinheiten.

Auch wenn der Großteil der Bevölkerung Russlands dem Krieg desinteressiert bis positiv gegenübersteht, sind der freiwilligen Rekrutierung von militärischem Personal Grenzen gesetzt. Durch das Risiko von Protest und Flucht bei Zwangsrekrutierung versucht Russland insbesondere durch finanzielle Anreize Soldaten anzuwerben, die 2024 über Einmalzahlungen bei Vertragsabschluss noch einmal erhöht wurden. Die russische Wirtschaft ist auf eine längerfristige Kriegswirtschaft umgestellt worden: Fast 40 Prozent des Haushalts 2024 sind offiziellen Angaben zufolge für Verteidigung und zusätzliche Ausgaben für nationale Sicherheit und die Sicherheitsorgane vorgesehen – dies entspricht insgesamt etwa 8 Prozent des Bruttoinlandsprodukts und ist das erste Mal, dass der Staat mehr Geld für Sicherheit als für Sozialausgaben bereitstellt. Der Rüstungssektor fungiert derzeit als Motor der russischen Wirtschaft. Trotz Sanktionen ist die russische Wirtschaft bisher relativ robust. Dazu tragen auch Sanktionsumgehungen bei. Engpässe in der Rüstungsindustrie und Wirtschaft versucht Russland auszugleichen. Der Handel mit China erreichte einen neuen Höchststand: Russland bezieht aus China gepanzerte Fahrzeuge, Drohnen, Technologie und Autos; dafür erhält China billige Öl- und Gaslieferungen. Russland setzt in der Ukraine iranische Drohnen ein und importiert seit 2024 ballistische Raketen; umgekehrt hilft Russland Iran bei der Modernisierung seiner Armee. Russland hat darüber hinaus seine Beziehungen zu Nordkorea gezielt vertieft, setzt in der Ukraine nordkoreanische Waffen und Munition ein und unterzeichnete im Juni 2024 ein Sicherheitsabkommen über gegenseitige Verteidigung.

Die NATO hat sich klar in diesem Krieg positioniert und zeigte Einigkeit in ihrer Unterstützung für die Ukraine. Zahlreiche NATO-Mitgliedstaaten machen bei Waffenlieferungen vom in der UN-Charta verbrieften Recht, einem angegriffenen Staat gegen den Aggressor beistehen zu dürfen, Gebrauch. Bei der Frage einer Flugverbotszone über der Ukraine ist die NATO konsequent zurückhaltend geblieben, um das Risiko einer direkten militärischen Konfrontation zwischen der NATO und Russland zu begrenzen. Denn die NATO müsste bei einer Flugverbotszone russische Kampfjets abdrängen und abschießen. NATO-Mitgliedstaaten haben versucht, das Risiko einer Ausweitung des Kriegs mit einer Atommacht klein zu halten und zugleich die Ukraine über substantielle Waffenlieferungen mittel- bis langfristig zu unterstützen, u.a. mit Boden-Luft-Raketen, Kampfpanzern, Mehrfachraketenwerfern bis hin zu Kampfjets und Marschflugkörpern mit einer Reichweite von etwa 300 Kilometern – Letztere im Gegenzug für das Versprechen, dass diese nicht auf dem Territorium Russland eingesetzt werden. Deutschland stand wiederholt in der Kritik für seine zögerlichen Entscheidungen bei der Lieferung von Kampfpanzern sowie die Nichtbereitstellung von Taurus-Marschflugkörpern, als Großbritannien, Frankreich und die USA vergleichbare Waffensysteme lieferten. Die im Vergleich zu diesen Systemen noch größere Reichweite des Taurus und die Sorge vor einer internationalen Eskalation des Krieges, etwa bei einem Einsatz auf der Krim oder in Russland, wurden von der Bundesregierung als Begründung angeführt. Die Tatsache, dass kein Abkommen mit der Ukraine über die Art der Nutzung geschlossen wurde, lässt mangelndes Vertrauen in die ukrainische Führung erkennen.

Die Kandidatur Donald Trumps für die US-Präsidentschaftswahl im November 2024 hat einen Schatten auf die zukünftige US-Unterstützung für die Ukraine und die Rolle der NATO geworfen. Der NATO-Gipfel in Washington im Juni 2024, der zugleich das 75-jährige Bestehen der NATO feierte, sollte deshalb Stärke demonstrieren und sicherte der Ukraine langfristige militärische Unterstützung zu. Der ambivalente Satz über die zukünftige Mitgliedschaft der Ukraine von 2008 wurde etwas angepasst: «Die Zukunft der Ukraine ist in der NATO», und die NATO sichert der Ukraine Unterstützung «auf ihrem unumkehrbaren Weg hin zur vollständigen euroatlantischen Integration, einschließlich der NATO-Mitgliedschaft», zu. Eine konkrete NATO-Mitgliedschaftsperspektive wurde aber weiterhin nicht eröffnet.

Die militärische, finanzielle und humanitäre Unterstützung auf

Regierungsebene im Zeitraum Januar 2022 bis Juni 2024 wird vom Ukraine Support Tracker des Kieler Instituts für Weltwirtschaft auf insgesamt etwa 200 Milliarden Euro geschätzt. Die Summe der angekündigten, aber bisher nicht umgesetzten Hilfen liegt noch wesentlich höher. Die USA hat in diesem Zeitraum insgesamt im Umfang von etwa 75 Milliarden Unterstützung bereitgestellt (versprochen sind knapp 100 Milliarden Euro), darunter etwa 52 Milliarden Euro in Militärhilfen. Zusätzliche US-Unterstützung war 2023/24 lange Zeit politisch blockiert und konnte erst im April 2024 verabschiedet werden. Vom Gesamtvolumen her folgen auf die USA Deutschland, Großbritannien, Japan und Kanada mit insgesamt jeweils ca. 15, 13, 9 und 7 Milliarden Euro. Gemessen am Bruttosozialprodukt (2021), haben Dänemark, Estland und Litauen anteilig die größte Unterstützung geleistet. Europa insgesamt (EU-Institutionen, EU-Mitgliedstaaten, Großbritannien, Norwegen, Island und die Schweiz) hat dem Ukraine Support Tracker zufolge bis Juni 2024 Unterstützung im Umfang von etwa 110 Milliarden Euro geliefert (versprochen sind etwa 187 Milliarden Euro), darunter etwas unter 52 Milliarden in militärischer Unterstützung.

Neben dem aus den Verzögerungen bei westlichen Waffen- und Munitionslieferungen resultierenden akuten Mangel an Munition und Luftverteidigung 2023/24 ist die Rekrutierung von militärischem Personal das größte Dilemma der Ukraine. Im April 2024 wurde das Alter der Reservisten, die eingezogen werden können, von 27 auf 25 Jahre gesenkt. Im Mai 2024 trat ein umstrittenes neues Mobilisierungsgesetz in Kraft, das die Aktualisierung der Meldeadressen und anderer Daten von Männern im Alter von 18–60 Jahren anordnet und Strafen für ignorierte Einberufungen vorsieht.

Die EU hatte sich im Vorfeld der Invasion auf eine Reihe von Sanktionen verständigt und Russland damit gedroht, ohne jedoch deren Ausmaß und Abfolge zu spezifizieren. Am 22. Februar 2022 stoppte die deutsche Bundesregierung das Zertifizierungsverfahren für die Gaspipeline Nord Stream II. Zwischen dem 23. Februar und dem 3. Juni verhängte die EU in rascher Abfolge sechs neue Sanktionspakete gegenüber Russland und verlängerte bestehende Sanktionen bzw. passte diese an. Neben gezielten Sanktionen gegen Personen, die mit der Anerkennung der Unabhängigkeit der «Volksrepubliken» und der Invasion in Verbindung stehen, wurden Sanktionen im Finanz-, Energie- und Verkehrssektor sukzessive ausgedehnt. Mehrere russische Banken wurden vom internationalen Zahlungssystem SWIFT ausgeschlossen und zusätzliche Ausfuhrkontrollen, eine restriktivere Visumspolitik und ein Verbot von russischen Sendern im Ausland eingeführt. Ein EU-Kohlenembargo wurde mit einer Übergangsfrist und ein EU-Embargo gegen Einfuhren von russischem Rohöl und raffinierten Erdölerzeugnissen mit Ausnahmen für Ungarn und die Slowakei umgesetzt. Die USA, Großbritannien, Kanada, die Schweiz und andere Länder verhängten ebenfalls Sanktionen. Der begrenzte Zugang Russlands zu Finanz- und Kapitalmärkten und westlichen Technologietransfers könnte mittel- und längerfristig schwer auszugleichen sein, aber das direkte Kriegsgeschehen ist davon nicht sofort beeinflusst worden. Im Juni 2024 war die EU beim 14. Sanktionspaket angekommen, in dem es um Maßnahmen gegen Sanktionsumgehungen sowie das Verbot, russisches Flüssiggas in europäischen Häfen für den Weitertransport in Länder außerhalb der EU zu lagern, ging. Insgesamt standen zu diesem Zeitpunkt über 2200 Personen, Unternehmen und Institutionen auf der Sanktionsliste der EU.

Russlands Angriffskrieg auf die gesamte Ukraine beschleunigte die Annäherung der Ukraine an die EU, auf die die ukrainische Regierung und Zivilgesellschaft seit Jahren hingearbeitet hatten. Am 28. Februar 2022, nur wenige Tage nach Beginn der Invasion, reichte die Ukraine ihr Beitrittsgesuch in Brüssel ein. Am 23. Juni verlieh der Europäische Rat der Ukraine den Kandidatenstatus. Die EU-Kommission evaluierte weiterhin den Fortschritt der Ukraine in einer Vielzahl von Politikfeldern und empfahl Anfang November 2023, die Beitrittsverhandlungen mit der Ukraine aufzunehmen. Der Europäische Rat stimmte dieser Empfehlung am 14. Dezember zu. Die Verhandlungen wurden kurz nach der Europawahl am 25. Juni 2024 offiziell eröffnet. Die optimistischste Annahme ist die eines Beitritts ab

2030, aber offene Fragen über das Kriegsende und mögliche Vetospieler in einem auf Konsens beruhenden Entscheidungsprozess sorgen für Unsicherheit. Der ungarische Ministerpräsident Viktor Orbán drohte schon bei den bisherigen Schritten mehrfach mit einem Veto verbunden mit Forderungen; andere Regierungen in der EU könnten dieselbe Strategie wählen.

Bereits am Tag nach dem Großangriff Russlands verabschiedete die UN-Vollversammlung eine Resolution, die den Angriff Russlands mit Bezug auf die UN-Charta als völkerrechtswidrig bezeichnete und Russland zum sofortigen Stopp seiner Kriegshandlungen aufrief. Insgesamt unterstützten 141 von insgesamt 193 Staaten diese Resolution. Dagegen stimmten neben Russland nur vier Staaten: Belarus, Syrien, Nordkorea und Eritrea; 35 Staaten enthielten sich – darunter China und Indien. Der UN-Sicherheitsrat ist in dieser Angelegenheit durch die Vetorechte Russlands und Chinas machtlos. Im April 2022 verabschiedete die UN-Vollversammlung eine weitere Resolution über den Ausschluss Russlands aus dem UN-Menschenrechtsrat. Hier sah die Stimmenverteilung anders aus: 93 Staaten votierten für die Resolution, 24 waren dagegen, und 58 Staaten enthielten sich. An diesem Kräfteverhältnis lässt sich ablesen, dass Russland bei weitem nicht so international isoliert ist, wie im Westen oft betont wird. Zahlreiche Länder des «Globalen Süden» sehen diesen Krieg nicht als den ihren an, wahren ihre Neutralität gegenüber Russland, pflegen Beziehungen zu Russland und tragen das Sanktionsregime nicht mit, so z. B. Indien, Israel, die Türkei, Südafrika und Brasilien. Eine dritte UN-Resolution vom 23. Februar 2023 rief Russland einmal mehr auf, den Krieg zu beenden und sich aus der Ukraine zurückzuziehen, bestätigte das globale Bild: 141 Staaten stimmten dafür, 7 dagegen (hinzugekommen waren die Demokratische Republik Kongo und Mali), und 32 enthielten sich (darunter China und Indien). Etwa zeitgleich startete China eine sogenannte «Friedensinitiative», in der lediglich vage zu Waffenruhe und Frieden aufgerufen wurde.

Mit einer Reihe von internationalen Friedensgipfeln versucht die Ukraine seit 2023, die Basis für die Unterstützung der

Ukraine und den sogenannten «10-Punkte-Plan» von Selenskyj global auszuweiten. Diesen Plan hatte der ukrainische Präsident im September 2022 vor der UN-Generalversammlung präsentiert. Er sieht einen vollständigen Rückzug Russlands aus der Ukraine, Sicherheitsgarantien für die Ukraine, ein Sondertribunal für Kriegsverbrechen, russische Entschädigungszahlungen, die Rückkehr aller Kriegsgefangenen und Deportierten und Maßnahmen über atomare Sicherheit, Energie- und Lebensmittelsicherheit vor. Die «Friedenskonferenz» Mitte Juni 2024 auf dem Bürgenstock in der Schweiz erzielte durch die bisher größte Anzahl von teilnehmenden Staaten und die Präsenz zahlreicher Staats- und Regierungschefs (92 Staaten, davon knapp zwei Drittel vertreten durch ihre Staats- und Regierungschefs) und eine intensivere öffentliche Debatte als bei den kleineren vorangegangenen Treffen in Kopenhagen, Dschiddah, Malta und Davos eine größere Sichtbarkeit. China blieb trotz oder wegen seiner Schlüsselrolle auch diesem Treffen fern, Brasilien schickte nur einen Beobachter. Das Schlusskommuniqué enthielt keine klare Verurteilung des russischen Angriffskrieges, bezog sich nur allgemein auf einen dauerhaften Frieden, die Sicherheit der Atomreaktoren in der Ukraine und die Rückkehr von Kriegsgefangenen und Deportierten – und trotzdem unterzeichneten Staaten wie Indien, Saudi-Arabien und Mexiko es nicht.

Zweieinhalb Jahre nach Beginn der vollumfänglichen Invasion Russlands gehen westliche Geheimdienste von insgesamt Hunderttausenden von Toten aus. Im Februar 2024 bezifferte Selenskyj zum ersten Mal die militärischen Verluste der Ukraine auf 31 000 getötete ukrainische Soldaten seit Februar 2022 und Zehntausende von getöteten Zivilisten und Zivilistinnen in den besetzten Gebieten. Die realen Zahlen mögen wesentlich höher sein. Für die russische Seite gehen die Schätzungen weit auseinander. Ein Mitte Dezember 2023 veröffentlichter US-Geheimdienstbericht ging von über 300 000 getöteten Soldaten aus. Die unabhängigen Medienportale «Medusa» und «Mediazona» ermittelten bis Ende 2023 etwa 75 000 gefallene Soldaten.

Der russische Angriffskrieg seit Februar 2022 hat zur größten Fluchtbewegung in Europa seit dem Ende des Zweiten Weltkriegs geführt. Schon im Frühsommer 2022 gingen UNHCR-Schätzungen von 7 Millionen Grenzübertritten an der Westgrenze der Ukraine und 5 Millionen in den Nachbarstaaten verweilenden Menschen aus, darunter überwiegend Frauen und Kinder. Männer zwischen 18 und 60 Jahren dürfen unter geltendem Kriegsrecht nicht ausreisen. Im Juli 2024 bezifferte UNHCR die Zahl der aus der Ukraine Geflüchteten global auf 6,6 Millionen Menschen (darunter 1,2 Millionen in Russland, wobei unklar ist, wie viele dorthin flohen bzw. deportiert wurden). Der internationale Haftbefehl des Internationalen Strafgerichtshofs gegen Putin und seine Menschenrechtsbeauftragte Maria Lvova-Belova vom März 2023 bezieht sich auf ihre Verantwortung für die Deportation ukrainischer Kinder nach Russland. Etwa 20 000 Deportationen von Kindern nach Russland sind bisher im Einzelnen verifiziert worden. In absoluten Zahlen verzeichnete das Nachbarland Polen zunächst in absoluten Zahlen die meisten Geflüchteten aus der Ukraine (Stand Januar 2023: 1,5 Millionen Menschen), gefolgt von Deutschland (1,1 Millionen), Tschechien (490 000), Italien (170 000) und Spanien (160 000). Relativ zur Bevölkerung hatte zunächst Moldau den meisten ukrainischen Geflüchteten geholfen: Bei einer Gesamtbevölkerung von ca. 1,5 Millionen Menschen nahm das Land zumindest temporär etwa 500 000 Geflüchtete auf. Bis Sommer 2024 lag die Zahl der Geflüchteten in Deutschland laut UNHCR mit 1,2 Millionen über der in Polen (ca. 960 000). Hinzu kommen nach über zweieinhalb Jahren mindestens 5 Millionen Binnenflüchtlinge in der Ukraine. Bei einem Land mit einer Bevölkerung von knapp über 40 Millionen Menschen heißt dies, dass ein Viertel bis zu ein Drittel der Bevölkerung in Bewegung war bzw. ist, darunter mehr als die Hälfte aller ukrainischen Kinder. Flucht bedeutet häufig mehrfache Umzüge innerhalb der Ukraine bzw. Bewegungen zwischen der Ukraine und den Nachbarländern.

Im Sommer 2024 stehen die ukrainischen Truppen im Donbas weiterhin unter starkem Druck. Die Ukraine bemüht sich, mit Drohnenangriffen auf Infrastruktur in Russland und einer ersten unerwartet großen Landbesetzung in der Kursk-Region im August 2024 die Initiative zurückzugewinnen und die Bevölkerung Russlands zu verunsichern. Ein weiteres Ziel mag die Verlegung russischer Truppen sein, was den Druck auf den Donbas vermindern würde; auch könnten besetzte russische Gebiete eine bessere Ausgangsposition für Verhandlungen bieten.

8. Die Folgen des Krieges

Der Krieg hat die Ukraine und Russland verändert, aber auch das Gefüge internationaler Beziehungen insgesamt. Die Folgen dieses Krieges gehen über die hohe Zahl an Kriegsopfern, Verwundeten und Geflüchteten und das gewaltige Ausmaß an Zerstörung hinaus. In diesem Kapitel soll ohne Anspruch auf Vollständigkeit eine Bandbreite bereits sichtbarer und möglicher Effekte skizziert werden. Ein Krieg dieser Dimension rückt auch die Konsequenzen regionaler und globaler Abhängigkeiten in den Mittelpunkt, die lange bekannt waren, aber in ihrer (sicherheits)politischen Bedeutung unterschätzt wurden, so zum Beispiel die Abhängigkeiten von Energielieferungen oder Getreideexporten oder die anti-westliche, vom Kolonialismus geprägte Grundstimmung in Teilen Afrikas, Lateinamerikas und Asiens, aus der sich erklärt, weshalb man dort der russischen Aggression neutral gegenübersteht und gegenwärtige und zukünftige Beziehungen zu Russland als eine Art Rückversicherung betrachtet.

Perspektivwechsel

Einer der nachhaltigsten Effekte des Krieges ist die globale Aufmerksamkeit, die die Ukraine seit dem 24. Februar 2022 erhalten hat. Dass die Ukraine nun auf der mentalen Landkarte verschiedener internationaler Institutionen, Regierungen, wirtschaftlicher Akteure und Bevölkerungen stärker verankert ist, ermöglicht einen differenzierteren Blick auf Ost(mittel)europa.

Dieser Perspektivwechsel vollzieht sich nicht nur auf der Ebene der politischen Eliten, sondern auch in der Mitte der Gesellschaften. Die gefühlte Entfernung zur Ukraine hat abgenommen. Das seine Unabhängigkeit und Staatlichkeit verteidigende Land befreit sich aus dem kolonialen Windschatten Russlands und schreibt sich über die Kriegsbilder und intensive politische Debatten, aber auch durch eine neue Präsenz von ukrainischer Geschichte, Literatur, Kunst und Kulturschaffenden sowie Alltagsbegegnungen mit Ukrainern und Ukrainerinnen in das öffentliche Bewusstsein Europas ein. Zugleich ändert sich der Blick auf Europa: Europa wird nun wieder mit einem großen Krieg assoziiert – anstatt mit Frieden und Stabilität. Auch im Innern verändert sich das Selbstverständnis Europas: Verschiedene Dimensionen von Sicherheit, einschließlich militärischer Sicherheit, haben auf politischer und gesellschaftlicher Ebene an Bedeutung gewonnen. Dieser Prozess bringt neue Priorisierungen in Staatshaushalten mit sich und bietet damit auch Anknüpfungspunkte für polarisierte innenpolitische Debatten und Populismus.

Ukraine

Die Dynamik militärischer Entwicklungen entzieht sich klarer Prognosen. Wie die zukünftigen Grenzen des ukrainischen Staats aussehen werden, ist ungewiss. Ob und wie weit die russischen Besatzer aus dem Osten und Süden des Landes, einschließlich der Krim, von den ukrainischen Streitkräften mit Hilfe westlicher Waffenlieferungen zurückgedrängt werden können, ist eine offene Frage, nicht zuletzt weil das Ausmaß und die Zeithorizonte westlicher Unterstützung unsicher sind. Auch die physische Zerstörung und ihre Folgen lassen sich bisher nur in Ansätzen erfassen. Der Wiederaufbau wird viele Jahre, wenn nicht Jahrzehnte dauern, zumal wenn der Krieg über einen langen Zeitraum mit je nach Phase unterschiedlicher Intensität geführt wird.

Der Internationale Währungsfonds und die Weltbank schätzten den Einbruch der ukrainischen Wirtschaft 2022 bereits auf

40 bis 45 Prozent. Für den Wiederaufbau, einschließlich der Infrastruktur, wurden laut Aussage der ukrainischen Regierung Mitte Mai 2022 bereits 600 Milliarden US-Dollar benötigt. Laut der Kyiv School of Economics belaufen sich bis Januar 2024 allein die Kosten für die Instandsetzung von Infrastruktur auf 155 Milliarden US-Dollar. Darunter fallen etwa 250000 zerstörte oder beschädigte Gebäude (ca. 220000 Wohnhäuser und 27000 Wohnungen), 3800 Bildungseinrichtungen, 1300 Institutionen des Gesundheitssektors, 580 Verwaltungseinrichtungen, 426 private und staatliche Betriebe und 348 religiöse Einrichtungen. Bis Mitte Juli 2024 hatte die UNESCO 431 zerstörte Kulturstätten verifiziert. Angriffe auf zivile Einrichtungen und auf das Kulturerbe zählen im internationalen Recht als Kriegsverbrechen. Die Zerstörung von Kulturgütern ist in diesem Krieg international bisher weniger thematisiert worden. Dennoch wird hier besonders deutlich, worum es Russland unter Putin letztendlich geht: Kulturgüter sind die historischen Quellen und die konkreten räumlichen und zeitlichen Bezugspunkte der Erinnerung und Identität. Im Gegensatz zur Infrastruktur ist die Zerstörung hier irreversibel, selbst wenn Wiederaufbau auch das Vergangene reflektiert.

Zentrale Fragen beim Wiederaufbau werden sein, welche Prioritäten wann gesetzt werden. Der Wiederaufbau wird ein Balanceakt zwischen Erhalt und zukunftsorientiertem Neuanfang, und er hat inmitten des Krieges schon längst begonnen. Eine der größten Herausforderungen wird die Koordination dieses komplexen Prozesses sein – zwischen nationaler und lokaler Ebene in der Ukraine und zwischen internationalen und ukrainischen Akteuren. Es gilt, den Wiederaufbau mit Reformen zu verknüpfen, die eine nachhaltige Entwicklung ermöglichen, den EU-Beitritt vorbereiten und die derzeit hochgradig mobilisierte Gesellschaft aktiv miteinbeziehen. Wiederaufbau – der in der Ukraine gebrauchte Begriff «Recovery» legt den Akzent stärker auf die Menschen und ihre Aktivitäten – und der EU-Beitrittsprozess sind nicht per se deckungsgleich. Ihre verschiedenen Zeithorizonte, Konditionalitäten und Akteurskonstellationen müssen bewusst miteinander verknüpft werden, um

Synergien für die Entwicklung in der Ukraine generieren zu können. Sowohl in der Ukraine als auch in der EU und in den USA dient der Marshallplan für den Wiederaufbau nach dem Zweiten Weltkrieg als Bezugspunkt. Zum Vergleich: Über den Marschallplan, benannt nach dem damaligen US-Außenminister George Marshall, flossen zwischen 1948 und 1952 etwa 13 Milliarden US-Dollar (auf heute umgerechnet wären das knapp über 100 Milliarden) nach Vorgaben einer zentralen Behörde an über ein Dutzend Länder. Die größten Summen gingen an Großbritannien und Frankreich, an dritter Stelle stand die Bundesrepublik Deutschland. Die Unterstützung entfaltete eine Wirkung, die über die direkte finanzielle Hilfe hinausging und sich mit Hoffnungen auf bessere Lebensbedingungen, Wohlstand und Westintegration verband.

Der Krieg verändert bereits jetzt die politische Landschaft in der Ukraine. Unter dem derzeit geltenden Kriegsrecht ließ Selenskyj im Marz 2022 die im Südosten lange Zeit dominanten politischen Kräfte verbieten, über die Russland Einfluss ausübt bzw. ausüben könnte. Das Verbot traf vor allem die einst größte Partei dieser Art, die «Oppositionsplattform – Für das Leben», deren Vorsitzender, Wiktor Medwedtschuk, enge persönliche Verbindungen zu Wladimir Putin hat. Diese Partei und ihr Vorgänger, die «Partei der Regionen» des ehemaligen Präsidenten Wiktor Janukowitsch, gegen den sich die Euromaidan-Proteste 2013/14 richteten, ließen sich am besten als Konglomerate aus wirtschaftlichen und politischen Interessen beschreiben. Die regionalen Oligarchen hinter diesen und ähnlichen, kleineren Parteien waren in ihrer wirtschaftlichen Ausrichtung nicht auf Russland festgelegt; viele hatten sich seit Jahren bewusst gen Westen orientiert und profitieren stärker als kleine oder mittelständische Betriebe von den Wirtschaftsbeziehungen im Rahmen des vertieften Freihandelsabkommens mit der EU.

Zunächst gilt das Parteienverbot bis zum Ende des Kriegsrechts; dieses muss alle drei Monate vom Parlament verlängert werden. Die regulären Parlamentswahlen, die im Oktober 2023 hätten stattfinden sollen, wurden bis zum Ende des Kriegsrechts ausgesetzt. Der Krieg konfiguriert politische Loyalitäten neu, ohne dass die Strukturen bereits gefestigt sind. Der reichste und einflussreichste ukrainische Oligarch, Rinat Achmetow, dem unter anderem das lange umkämpfte Stahlwerk Azowstahl in Mariupol gehörte, stellte sich trotz seiner früheren Auseinandersetzungen mit Selenskyj deutlich auf die Seite des ukrainischen Staates. Es ist nicht ausgeschlossen, dass sich oligarchische Interessen parteipolitisch noch während des Krieges oder danach neu organisieren. Sie werden sich an die durch den Krieg geschaffenen Bedingungen anpassen müssen; viele von ihnen haben große Teile ihrer Vermögen verloren. Die Abhängigkeit von westlichen Geldern für den Wiederaufbau wird Anreize für alte und neue Oligarchen schaffen, aber eines ihrer Hauptinteressen wird die Integration der Ukraine in westliche Strukturen sein.

Der reguläre Termin für die Präsidentschaftswahlen verstrich im Frühjahr 2024. In der Ukraine stand zu diesem Zeitpunkt eine große Mehrheit (ca. 70 Prozent) hinter Selenskyj als legitimem Präsidenten bis zum Ende des Kriegsrechts (MOBILISE 2024). Auch im Westen klingt die Frage der demokratischen Legitimität ohne Wahlen zunehmend an und wird gezielt durch russische Desinformation geschürt. Zu demokratischen Wahlen gehört jedoch auch ein demokratisches Umfeld, das unter den jetzigen Umständen nicht gewährleistet wäre: Eine große Anzahl von Staatsbürgern und Staatsbürgerinnen wäre von der Wahl ausgeschlossen – diejenigen an der Front, ein großer Teil der Binnenflüchtlinge und die in Nachbarländer Geflüchteten. Ein Wahltermin würde den Prozess der Polarisierung forcieren. Momentan gibt es nur in Ansätzen eine politische Opposition. Sie würde sich entlang von Fragen der Kriegsführung formieren und könnte somit den militärischen und zivilen Widerstand unterminieren. Darüber hinaus binden Wahlen im Krieg erhebliche finanzielle und zeitliche Ressourcen. Selenskyjs Popularität ist seit den ersten Tagen nach der Vollinvasion gesunken, aber er ist immer noch der beliebteste Politiker und aussichtsreichste Kandidat in Präsidentschaftswahlen. Sein Vorgänger Poroschenko, der sich auch im Krieg mit Kritik an Selenskyj zu positionieren versucht, liegt in Umfragen weit hinter Selenskyj. Auch ohne Wahlen ist der gesellschaftliche Zusammenhalt auf

Dauer nicht garantiert, wie das Gesetz über die Mobilisierung, das in Umfragen im Juni 2024 nur etwas über 30 Prozent guthießen (MOBILISE 2024), verdeutlicht.

Binnenflucht und Flucht ins Ausland haben zu neuen Netzwerken zwischen Ukrainern und Ukrainerinnen aus verschiedenen Teilen der Ukraine geführt. Diese Erfahrung lässt die nach 2014 noch gefühlte Distanz zwischen Lwiw und Sewerodonezk oder Donezk kleiner werden. Auch ein beschleunigter Wandel in der Sprachpraxis ist möglich. Die Identifikation mit der «Muttersprache» Ukrainisch – eine symbolische Kategorie, die nicht mit der Sprachpraxis gleichzusetzen ist und seit der Unabhängigkeit stets eine klare Mehrheit erfasste – war bereits in den Jahren vor der Vollinvasion weiter gestiegen. Russischsprachige bzw. bilinguale Staatsbürger sprechen momentan im öffentlichen Bereich verstärkt Ukrainisch. Ob sich auch der Gebrauch des Russischen im privaten Bereich oder der Anteil derer, die Russisch als ihre Muttersprache bzw. als eine ihrer Muttersprachen angeben, nachhaltig verändert, wird sich erst über einen längeren Zeitraum zeigen.

Gesellschaftliche Strukturen werden im Krieg sowohl zerstört als auch neu geschaffen. Die Ukraine hatte über viele Jahre, insbesondere seit 2004 und 2013/14, eine aktive Zivilgesellschaft aufgebaut. Aufgrund der Tatsache, dass viele zivilgesellschaftliche Akteure sich rasch direkt für die Landesverteidigung engagierten, oftmals über die territorialen Verteidigungseinheiten, sind prominente Vertreter und Vertreterinnen der Zivilgesellschaft unter den Gefallenen, Verwundeten und Traumatisierten. Auch die Flucht innerhalb der Ukraine und in die Nachbarländer entzieht zivilgesellschaftlichen Strukturen Ressourcen für ihr Engagement. Andererseits ist momentan fast die gesamte Gesellschaft mobilisiert und schafft so die Grundlage für eine neue bzw. erweiterte Zivilgesellschaft und ein breiteres soziales Engagement über institutionalisierte Strukturen hinaus. Dies könnte beim Aufbau eines stärkeren und demokratischen Staats «von unten» helfen. Wenn die Sozialpolitik nach dem Krieg vulnerable Menschen nicht genügend priorisiert, könnten enttäuschte Erwartungen jedoch auch in soziale Instabilität umschlagen. Da nicht alle derzeit im Ausland lebenden Ukrainer und Ukrainerinnen ins Land zurückkehren können oder wollen – eine Umfrage von KIIS ermittelte 2024 etwa 50 Prozent –, wird eine Herausforderung darin bestehen, sie und ihre Expertise aus dem Ausland in den Wiederaufbau einzubinden.

Die Kriegserfahrung traumatisiert diejenigen, die an der Front kämpfen, die Geflüchteten und die Gesellschaft insgesamt. Die Erfahrung von Tod, Verletzungen und Behinderungen wird die Gesellschaft auf lange Zeit prägen. Erste Studien ermitteln extrem hohe Werte für die Traumatisierung der Gesellschaft (mindestens 30 Prozent ohne diejenigen, die aktiv gekämpft haben oder sich im Ausland befinden; unter Binnenflüchtlingen liegen Schätzungen noch höher). Andere Kriegskontexte zeigen, dass sich diese Traumata auch auf zukünftige Generationen auswirken.

Militärisches Personal und Veteranen werden voraussichtlich eine hervorgehobene Rolle in der Nachkriegspolitik spielen. Derzeit ist z.B. ungewiss, ob Waleri Saluschnij, der beliebte Oberbefehlshaber der ukrainischen Armee, dessen Entlassung durch Selenskyj im Frühjahr 2024 kontrovers verlief, selbst in die Politik gehen könnte. Generell wird die Frage, was jemand während des Krieges gemacht hat, an politischer Bedeutung gewinnen. Sie birgt gesellschaftliches Spaltungspotenzial. Der Hass auf Russland wird seine Spur in der Politik und Gesetzgebung hinterlassen, so z.B. in der Bildungs- und Kulturpolitik, Historiographie und Erinnerungspolitik sowie in Maßnahmen gegen Kollaboration mit den russischen Besatzern. Im Krieg zentralisieren sich politische Entscheidungsprozesse. Zur derzeitigen Fokussierung auf den Präsidenten mag nach dem Krieg ein Bedarf an technokratischer Expertise für den Wiederaufbau und EU-Beitritt hinzukommen. Einerseits könnte das Parlament, dessen Parteienlandschaft sich neu formieren muss, marginalisiert werden. Es besteht ein Risiko, dass die vor 2022 bereits weit fortgeschrittene Dezentralisierung auf lokaler Ebene verlangsamt oder ausgehebelt wird. Andererseits könnten die horizontalen Strukturen und Prozesse auf lokaler Ebene, die seit der Invasion vom Februar 2022 weiter an Bedeutung gewonnen haben, den Trend zur Zentralisierung korrigieren.

Auch die komplexe Situation der Kirchen in der Ukraine verändert sich durch den Krieg. Seit 1992 war die orthodoxe Kirche in der Ukraine intern gespalten zwischen dem Moskauer und dem Kyjiwer Patriarchat; außerdem gab es die Ukrainische Autokephale Orthodoxe Kirche. Die beiden letztgenannten gingen Anfang 2019 in der durch das Ökumenische Patriarchat von Konstantinopel als unabhängig anerkannten Orthodoxen Kirche der Ukraine auf. Der Krieg politisiert die Zugehörigkeiten. Die Ukrainische Orthodoxe Kirche des Moskauer Patriarchats hat versucht, sich im Krieg von Moskau zu distanzieren, aber Teile der Kirche sind wiederum eng mit dem russischen politischen System und seinen Sicherheitsorganen verbunden. Ende August verabschiedete das ukrainische Parlament ein Gesetz, demzufolge einzelne Kirchengemeinden auf ihre Verbindungen nach Russland untersucht werden können. Der Weltkirchenrat hat das Gesetz kritisiert. Anders als oftmals behauptet, geht es in dem Gesetz nicht um ein Kirchenverbot, aber es bietet eine Grundlage für die Stigmatisierung einer Religionsgemeinschaft. Auch im Ausland ergeben sich in Kirchenkreisen neue Spannungen und Kontakte über Geflüchtete. Die Auslandsgemeinden der Orthodoxen Kirche gehören oftmals zum Moskauer Patriarchat und sehen sich mit der Herausforderung konfrontiert, Position zu beziehen.

Russland

Die drei Phasen des Krieges hatten und haben unterschiedliche Auswirkungen auf Russland selbst. Während die Krim-Annexion die Zustimmung für Putin ansteigen ließ und zu einer positiven Grundstimmung beitrug, bewirkte der Donbas-Krieg keine vergleichbare emotionale Mobilisierung. Er bereitete die Bevölkerung jedoch auf einen längeren Zeithorizont in der Auseinandersetzung mit der Ukraine vor, bot einen beständigen propagandistischen Anlass, um die Kriegsstimmung gegen die Ukraine und den Westen zu schüren und damit der politischen Rechtfertigung sowie der gesellschaftlichen Akzeptanz für den Angriff auf die gesamte Ukraine den Weg zu bereiten. Darauf baut die Regierung nun auf, wenn sie zunehmend von einem «Krieg der Zivilisationen» als existenzieller Bedrohung Russlands spricht. Oft liegt die Betonung trotz der ethnischen Vielfalt der Russländischen Föderation auf einem engeren russischen Patriotismus.

Die unmittelbaren und die mittel- und langfristigen Auswirkungen der Invasion seit dem 24. Februar 2022 sind auch für Russland noch weitreichender als die der ersten zwei Phasen. Der erste unmittelbare Effekt ist eine weitere Verschärfung des autokratischen Herrschaftsstils: Entscheidungsprozesse sind auf einen noch engeren Kreis um den Präsidenten herum begrenzt. Von außen ist nicht ersichtlich, wen Putin einbezieht. Verteidigungsminister Sergei Schoigu und Generalstabschef Waleri Gerasimow wurden nach Februar 2022 in Gesprächen mit Putin abgebildet, bleiben aber ersetzbar in einer voranschreitenden Verengung der Eliten. Im Mai 2024 wurde Schoigu seitwärts auf den Posten des Sekretärs des Nationalen Sicherheitsrats verschoben. An seine Stelle trat Andrei Beloussow, der aus dem Wirtschaftssektor kommt und einen eher technokratischen Ansatz verkörpert. Der Chef der Wagner-Söldnergruppe, Jewgenij Prigoschin, und der Gouverneur Tschetscheniens, Ramzan Kadyrow, positionierten sich zunächst als unabdingbare Stützen im Krieg gegen die Ukraine, kritisierten die aus ihrer Sicht zu schwache Kriegsführung Russlands und – im Falle Prigoschins – überreizten ihr Spiel um Macht. Auch wenn es momentan wenig Anzeichen für Schwächen im politischen System gibt, so ging von Prigoschins Meuterei das Signal aus, dass das System durch Eliten von innen in Frage gestellt werden kann. Wenn der Krieg von den Eliten als zu kostenintensiv empfunden wird, könnte es zu Spaltungen kommen, die auch regionale Opposition gegen das Zentrum Moskau generieren könnten. Auch wenn es derzeit unmöglich ist, einen Nachfolger für Putin zu benennen, so ist es durchaus möglich, dass sich das System auch nach Putin kaum verändert. Der Krieg mag in russische Geschichtsbücher nicht als Putins Heldenmythos eingehen, wie zunächst erhofft, aber er wird Putins Schicksal entscheiden. Putin braucht den Krieg inzwischen für die interne Legitimation seines Systems.

Zur fortschreitenden Autokratisierung gehört auch ein weiterer Ausbau der Repressionen gegen alle, die den Krieg und damit Putin in Frage stellen. Das Wort «Krieg» darf nicht verwendet werden – im russischen Sprachgebrauch handelt es sich um eine «militärische Spezialoperation». Dieser Begriff soll ausdrücken, dass eine notwendige, aber vom Ausmaß und von ihren Kosten her begrenzte und sorgfältig kontrollierte militärische Operation durchgeführt werde. Im März 2024 sprach Putin das Wort «Krieg» zum ersten Mal öffentlich aus, doch dies ändert nichts an der Gesetzeslage. Hohe Haft- und Geldstrafen können sowohl bei der Verwendung des Wortes «Krieg» als auch bei jeglichen Protesten gegen den Krieg verhängt werden. Den Anti-Kriegspetitionen und einzelnen Protesten der ersten Tage und Wochen nach dem 24. Februar wurde damit ein Ende gesetzt. Noch existierende unabhängige Medien wurden geschlossen, ins Ausland getrieben oder umfunktioniert. Der Plan, Russland ein «souveränes Internet» zu geben, wurde ebenfalls beschleunigt. Über VPN und Messengerdienste ist weiterhin Zugang zu gesperrten Inhalten möglich, aber dies erfordert Know-how und die aktive Suche nach alternativen Informationsquellen.

Die Auswirkungen der von der EU und den USA sukzessive verhängten Sanktionspakete wurden für die russische Wirtschaft insgesamt und damit auch für die Bevölkerung spürbar, aber diese Effekte sind durch Russlands über Jahre aufgebauten Nothilfefonds von ca. 600 Milliarden Dollar – auch wenn etwa die Hälfte auf ausländischen Konten eingefroren wurde –, durch eine aktive Finanzpolitik der russischen Zentralbank, die gestiegenen Preise für Rohstoffexporte und die Abnahme zusätzlicher Rohstoffimporte von Ländern wie China und Indien abgefedert worden. Ohne weitere Schocks von außen oder innen kann Russland im jetzigen Modus der Kriegswirtschaft vermutlich die nächsten Jahre bestehen. Der unmittelbare Druck auf die Bevölkerung wird steigen, wenn Ersatzteile in Produktionsstätten fehlen und Technologietransfers nicht kurzfristig ersetzt werden können. Mögliche Kritik an der Regierung wird nicht unbedingt Druck von unten mobilisieren. Eine noch höhere Abhängigkeit von staatlicher Hilfe kann auch dazu beitragen, dass die Bevölkerung noch apolitischer oder nationalistischer wird.

Schätzungen zufolge haben Hunderttausende, v. a. jüngere und gut ausgebildete Russen und Russinnen seit Februar 2022 ihr Land verlassen. Sie sind v. a. in Länder gegangen, die ohne Visa- oder Reiserestriktionen zugänglich waren. Es handelt sich um einen Braindrain, aber zugleich bietet die Emigrationswelle der russischen Regierung auch einen Schutz gegen eine politische Mobilisierung, die für das System zum Risiko werden könnte. Von außen wird der Zugang zu Russland auch für Wissenschaft und Zivilgesellschaft auf lange Sicht so gut wie unmöglich sein. Damit verringert sich die westliche Expertise zu Russland und wird über von außen zugängliche Quellen und russische Experten und Expertinnen auf Dauer nur bedingt ersetzt werden können. Die größten offenen Fragen sind, wie lange sich die Realität dieses Krieges samt Opferzahlen vor der Bevölkerung Russlands verbergen lässt und wie sich die einzelnen Menschen und die Gesellschaft als Ganzes den Fakten und der damit verbundenen Schuldfrage stellen werden. Dieser Erneuerungsprozess wird eine Aufgabe für mehrere Generationen sein. Momentan scheint die Mehrheit der russischen Gesellschaft den Krieg entweder auf Distanz zu halten oder ihn zu unterstützen.

EU und NATO

Seit Februar 2022 hat die EU mehr oder weniger einen internen pro-ukrainischen Konsens erhalten. Es ist allerdings auch deutlich geworden, dass das Prinzip der «europäischen Souveränität» (noch) nicht funktioniert. Die USA haben in den transatlantischen Beziehungen einmal mehr ihre Schlüsselrolle demonstriert. Die Biden-Administration wählte einen proaktiven Kurs, der allerdings mit Blick auf die Präsidentschaftswahlen von Ende 2024 unter Druck geriet. Trump kündigte das Ende der Unterstützung für die Ukraine an, während Kamala Harris in ihrem Wahlkampf am Prinzip der langfristigen Unterstützung festhält. Doch auch unter ihrer Präsidentschaft bliebe es eine Herausforderung für die EU, ein unabhängigerer außen- und sicherheitspolitischer Akteur zu werden. Interne Differenzen erhöhen die Abhängigkeit von den USA und ihrer Konfrontation mit China.

Vier Tage nach dem Beginn der russischen Großoffensive übermittelte die Ukraine der EU ihr offizielles Beitrittsgesuch. Moldau und Georgien zogen kurze Zeit später nach. Im Juni folgte der Europäische Rat, die Vertretung der Regierungen der EU-Mitgliedstaaten, der zuvor ausgesprochenen Empfehlung der EU-Kommission, der Ukraine und Moldau den Kandidatenstatus zu geben. Dies war eine historische Entscheidung – in ihrer potentiellen Tragweite mit der Entscheidung für die EU-Osterweiterung Anfang der 1990er und der Gründungsphase der Europäischen Gemeinschaft für Kohle und Stahl Anfang der 1950er Jahre vergleichbar.

Der Kandidatenstatus erforderte bereits Einstimmigkeit der EU-Mitglieder. Es handelte sich hier nicht um eine bürokratische Entscheidung, bei der es um das Abhaken von präzisen Kriterien geht. Die sogenannten Kopenhagener Kriterien, die die EU 1993 in Vorbereitung auf die Osterweiterung formulierte, beschreiben essentielle, jedoch allgemein gehaltene Bedingungen (Stabilität demokratischer Institutionen; funktionierende Marktwirtschaft; Kapazität, das komplexe Regelwerk *(Acquis)* der EU zu übernehmen; Aufnahmekapazität der EU). Die Mitgliedstaaten diskutierten den Kandidatenstatus der Ukraine bis zuletzt kontrovers, und selbst unter den unterstützenden Regierungen kam viel Wortakrobatik zum Einsatz, um den langen Weg zur Vollmitgliedschaft und die Notwendigkeit der EU, sich selbst zu reformieren, zu betonen. Der erste Schritt in Richtung EU-Mitgliedschaft für die Ukraine belebte auch die Erweiterungslogik der EU insgesamt, u.a. mit Blick auf den westlichen Balkan. Die Bedeutung der «gemeinsamen Werte» aus den EU-Verträgen wird inmitten des Krieges greifbarer. Darüber hinaus wird der Reformbedarf innerhalb der EU noch ersichtlicher, insbesondere der Schritt von Konsens- zu Mehrheitsentscheidungen. Im Dezember entschied der Europäische Rat auf der Grundlage von Fortschrittberichten der EU-Kommission, dass die Ukraine und Moldau mit letzten Auflagen

Beitrittsverhandlungen aufnehmen können. Diese Entscheidung erforderte einen prozeduralen Coup, um den ungarischen Ministerpräsidenten, der ein Veto einlegen wollte, nicht mitstimmen zu lassen. Orbán versuchte wiederholt, konkrete finanzielle Vorteile für Ungarn zu verhandeln. In den kommenden Monaten und Jahren wird sich zeigen, ob sich interne Spaltungen vor dem Hintergrund der in den Mitgliedstaaten zu spürenden wirtschaftlichen Kosten des Krieges, der erstarkenden populistischen Kräfte und unterschiedlich gelagerter politischer Prioritäten verstärken. Die baltischen Länder, Polen und Tschechien fordern mehr politisches Gewicht innerhalb der EU ein. Zugleich geht es nicht um eine Ost-West-Spaltung der EU, wie das Beispiel von Ungarns russlandfreundlicher Regierung zeigt. Spannungen zwischen Polen und der Ukraine im Zusammenhang mit gestoppten Getreideeinfuhren vor den polnischen Parlamentswahlen im Herbst 2023 und die skeptischen Äußerungen des slowakischen Ministerpräsidenten Robert Fico sowie der politischen Rechten in Frankreich skizzieren mögliche Hindernisse auf dem Weg zur EU-Erweiterung.

Der Krieg unterstreicht die zentrale Rolle der NATO und die Bedeutung der strategischen transatlantischen Kooperation in der Außen- und Sicherheitspolitik. Die NATO als Institution wurde aufgewertet. Budgetdebatten, die jahrelang stockten, generieren jetzt Versprechen, die zum Teil über die zuvor angestrebten 2 Prozent der Haushaltsausgaben für Verteidigung hinausgehen. Der Trend in der EU, in den USA und in Großbritannien geht zu höheren Verteidigungsausgaben. Finnland und Schweden beendeten mit ihrem NATO-Beitritt 2023 ihre lange Geschichte der Neutralität. Die NATO-Präsenz an der Ostgrenze wurde gestärkt, unter anderem im Baltikum, in Polen und in Rumänien. Der NATO-Gipfel in Madrid Ende Juni 2022 signalisierte eine Neuorientierung. Mit dem strategischen Konzept, dem ersten seit 2010, definierte und bestärkte die NATO ihre Werte, ihren Zweck und ihre Ziele. Die Kernaufgaben bleiben dieselben: Abschreckung und Verteidigung, Krisenprävention und kooperative Sicherheit. Verfasst als ein Signal transatlantischer Geschlossenheit, benannte das auf dem Gipfel beschlossene neue strategische Konzept der NATO Russland klar als «die größte und unmittelbarste Bedrohung für die Sicherheit der Verbündeten und für Frieden und Stabilität im euroatlantischen Raum». Zu den konkreten Beschlüssen des Gipfels gehörte die Aufstockung der NATO-Eingreifkräfte auf rund 300 000 Soldatinnen und Soldaten. Das Konzept betonte die transatlantische Einigkeit und machte deutlich, dass niemand an der Stärke und Entschlossenheit der NATO, ihr Bündnisgebiet zu verteidigen, zweifeln sollte. Die Gefahr durch China wurde ebenfalls zum ersten Mal klar benannt. Die NATO betonte, dass ihre Tür geöffnet bleibe und insbesondere die Partnerschaften mit Bosnien-Herzegovina, Georgien und der Ukraine im Mittelpunkt stehen. Die im Krieg ersichtliche Schlüsselrolle der USA in der transatlantischen Sicherheitspolitik macht die Zukunft der Allianz allerdings auch von den Prioritäten der nächsten US-Administration abhängig. Da auch die NATO-Gipfel 2023 und 2024 keinen Konsens über konkrete Schritte Richtung NATO-Mitgliedschaft erzielten, setzt die Ukraine in der Zwischenzeit auf bilaterale Sicherheitsabkommen. Bis Ende Juni 2024 hatten 19 Länder, darunter die USA, Deutschland, Frankreich, Großbritannien, Polen und die baltischen Länder, sowie die EU Sicherheitsabkommen mit der Ukraine geschlossen.

Internationale (Un-)Ordnung

Über die Folgen eines Krieges kann man auch in der Form von Lernprozessen auf nationaler und internationaler Ebene nachdenken. Nicht nur unter den Eliten, sondern auch in den Gesellschaften, insbesondere in Europa, vollzieht sich gerade vielerorts ein Umdenken – vor allem im Hinblick auf das Verständnis von Sicherheit und Frieden. Dieser Prozess beschreibt eine Geopolitisierung der Gesellschaften Europas. Vor allem in Westeuropa war die Hoffnung fest verankert, den Frieden durch vielfältige Verflechtungen, insbesondere wirtschaftlicher Art, erhalten zu können. Frieden und Sicherheit wieder verstärkt von einer militärischen Komponente her zu denken ist insbesondere in Deutschland eine Verschiebung grundlegender Prinzipien. Mit dem Begriff der von Bundeskanzler Scholz ausgerufenen «Zeitenwende» verbanden sich zunächst die Ausweitung der Unterstützung der Ukraine durch Waffenlieferungen und ein Sondervermögen für die Modernisierung der Bundeswehr von 100 Milliarden Euro. Der Begriff der «Zeitenwende» wurde jedoch zum Aufruf für einen umfassenderen Umbruch, u.a. in Bezug auf die Rolle Deutschlands in Europa und die Rolle der EU in der Welt. In der EU wird neben einer allgemeinen Unsicherheit nun auch die zuvor abstrakte Idee der Systemkonkurrenz zwischen Demokratien und Autokratien greifbarer. Zugleich ist zu erkennen, dass eine einfache Gegenüberstellung politischer Systeme nicht deckungsgleich ist mit dem Abstimmungsverhalten bei UN-Resolutionen und der (Nicht-)Beteiligung an westlichen Sanktionen. Der Systemkonflikt verläuft eher zwischen früheren westlichen Kolonialmächten und ihren ehemaligen Kolonien. Anti-westliche und -kolonialistische Haltungen werden von der russischen Regierung in ihrer Propaganda bewusst genutzt, und die wirtschaftlichen Beziehungen zu Russland dienen als eine Art Absicherung oder Alternative gegenüber Beziehungen zu westlichen Staaten, denen man nicht traut. Russlands zeitgenössischer Imperialismus spielt im Globalen Süden eine untergeordnete Rolle. Die Rede des kenianischen UN-Botschafters Martin Kemani bei der ersten UN-Vollversammlung nach dem 24. Februar, in der er vor allem seine afrikanischen Kollegen und Kolleginnen dazu aufrief, gerade wegen der eigenen Erfahrungen mit dem Kolonialismus keinen neuen Imperialismus zu tolerieren, drückte keine regionale Mehrheitsmeinung aus.

In Bezug auf die Energieabhängigkeiten, die zwischen Demokratien und Autokratien bestehen, wurde eine Diversifizierung des Risikos unabdingbar. Das vermeintlich Unmögliche wurde möglich: Deutschland erschloss sich unter Hochdruck neue Energiequellen; viele EU-Länder reduzierten zumindest ihre Abhängigkeit von Russland – u.a. durch Flüssiggaslieferungen und einen beschleunigten Ausbau erneuerbarer Energien, insbesondere nachdem Russland (fast alle) Gaslieferungen in die EU Mitte 2022 gestoppt hatte.

Die bisher größte geopolitische Veränderung im Zuge des

Krieges ist die engere Beziehung zwischen Russland und China. Zwar bleibt Russland für China eine Art «Juniorpartner», aber während die Beziehungen der USA sowohl zu China als auch zu Russland allmählich konfrontativer wurden, haben China und Russland eine engere strategische Partnerschaft aufgebaut, die über wirtschaftliche Kooperation hinausgeht und eine politische und militärische Dimension hat. Beide Länder verorten sich in einer multipolaren Weltordnung. China hat sich bei den UN-Resolutionen über Russlands Krieg enthalten, spricht konsequent von einer «Ukraine-Krise» und nicht vom Krieg, hat sich bisher nur rhetorisch um angebliche Friedensinitiativen bemüht und betont die eigene Souveränität gegenüber Taiwan, während der Ukraine ihre Souveränität de facto abgesprochen wird. Neben China hat Russland auch die sicherheitspolitischen Beziehungen zum Iran und zu Nordkorea sowie wirtschaftliche Beziehungen zu Indien, Lateinamerika und Ländern Afrikas ausgebaut, die die regionale und globale Politik prägen werden.

Ein weiterer internationaler Lernprozess betrifft ein durch die Corona-Pandemie bereits geschärftes und nun weiter ausgebautes Verständnis für die zahlreichen globalen Verflechtungen, die erst in Krisenzeiten bewusst wahrgenommen werden. Westliche Sanktionen gegenüber Russland und Russlands Gegensanktionen führten in den komplexen Produktions- und Lieferketten rasch zu Lücken, die nicht sofort gefüllt werden konnten. Die Versorgungslage auf den durch die Pandemie bereits angespannten globalen Nahrungsmittelmärkten hat sich akut verschärft. Russland ist weltweit der größte Weizen- und Düngemittelexporteur und die Ukraine der wichtigste Exporteur von Sonnenblumenöl sowie der viertgrößte Maislieferant. Im Zeitraum von 2015 bis 2020 betrugen die Exportanteile für Sonnenblumenöl von Russland und der Ukraine zusammen 66 Prozent, für Weizen 28 Prozent, für Mais 15 Prozent und für Düngemittel 16 Prozent. Auf den internationalen Agrarmärkten für Nahrungs-, Futter- und Düngemittel sind die Preise nach Februar 2022 explodiert, und in der Schwarzmeerregion gab es Lieferstopps und -engpässe durch Sanktionen und Russlands Blockade. Am unmittelbarsten betroffen sind die Länder Nordafrikas, Subsahara-Afrika und der Nahe Osten. Durch den Krieg werden die Versäumnisse in der nationalen und internationalen Agrarpolitik ebenso deutlich wie die Tatsache, dass Ernährungssicherheit keinesfalls selbstverständlich ist. Russland ließ das UN-Getreideabkommen mit der Ukraine im Frühsommer 2023 auslaufen, nachdem der Versuch gescheitert war, im Gegenzug das westliche Sanktionsregime abzuschwächen. Populistische Parteien in ganz Europa haben in den Kosten des Krieges, einschließlich der Waffenlieferungen für die Ukraine und der Re-Priorisierung von Verteidigung neue Themen gefunden und üben, oftmals von russischen Kampagnen verstärkt, Druck von innen auf Demokratien aus.

Der Krieg hat direkte Auswirkungen auf die Nachbarstaaten der Ukraine und Russlands. Nach der mehrere Monate andauernden Massenmobilisierung nach den manipulierten Präsidentschaftswahlen im August 2020, die Aljaksandr Lukaschenka, gestützt auf den Sicherheitsapparat und die Hilfe Putins, niederschlagen konnte, spielte Belarus für Russland eine wichtige Rolle in der Vorbereitung der Großinvasion. Lukaschenkas Abhängigkeit von Russland hat Putin die Möglichkeit gegeben, die russische militärische Präsenz in Belarus auszubauen. Der Angriff auf Kyjiw wurde gleich in den ersten Tagen der Invasion auch aus Belarus geführt. Selbst wenn das belarusische Militär bisher nicht oder nur begrenzt eingesetzt wird, ist klar, auf wessen Seite Belarus unter Lukaschenka politisch steht. Das Vertrauen in staatliche Institutionen war in der belarusischen Gesellschaft bereits nachhaltig geschwächt. Der Krieg setzt diesen Trend fort und lässt die Distanz zwischen Staat und Gesellschaft noch größer werden. Aus der Gesellschaft heraus gab es kleine Gesten der Unterstützung für die Ukraine, soweit dies in einem auf brutale Repressionen gestützten System möglich ist. Ein von belarusischen Aktivisten und Aktivistinnen im Ausland immer wieder angesprochenes Risiko ist, dass die EU und westliche Partner Belarus weniger Aufmerksamkeit schenken, im Westen der Eindruck von aktiver Unterstützung der belarusischen Gesellschaft für Putin wachsen könnte und Belarusen und Belarusinnen im Exil suspekt erscheinen. Putin treibt die militärische Integration Russlands mit Belarus voran. Anfang 2023 verkündete er die Stationierung taktischer Atomwaffen in Belarus und die Verlegung von atomar bestückbaren Iskander-Raketen. Es ist nicht gesichert, inwieweit diese Pläne inzwischen umgesetzt wurden.

Der Krieg hat zudem direkte Auswirkungen auf die von Russland unterstützten De-facto-Staaten wie Transnistrien in Moldau und Abchasien und Südossetien in Georgien. In Transnistrien sind seit dem Ende der Sowjetunion russische Soldaten stationiert. Die konkretere Perspektive für eine EU-Mitgliedschaft für Moldau wird auch die Statusfrage in Transnistrien neu beleben und die Furcht vor direkter russischer Einflussnahme oder Eskalation schüren. Aserbaidschan entfachte den Krieg um Bergkarabach im Dezember 2022 neu, indem es den Korridor, der Armenien mit Bergkarabach verbindet, blockierte. Aserbaidschan testete seinen Spielraum in einem Moment aus, wo Russland weder in der Lage noch willens war, Armenien wie zuvor aktiv zu unterstützen. Im September 2023 schuf Aserbaidschan innerhalb weniger Tagen gewaltsam Fakten. Bergkarabach und Armenien wurden angesichts des militärischen Übergewichts zur Kapitulation gezwungen. Flucht, Vertreibung und Repressionen an der lokalen Bevölkerung gehörten zu den Folgen. Auch die Türkei und Iran sind bemüht, ihren regionalen Einfluss zu erhöhen. Länder mit einer großen russischen bzw. russischsprachigen Minderheit, so z.B. das autoritär regierte Kasachstan, fürchten eine wachsende Einflussnahme Russlands, die die innere Stabilität des Staates gefährden könnte. Letztendlich hängt die Ausweitung von Russlands neo-imperialer Politik auf weitere Nachbarstaaten vom Verlauf des Krieges gegen die Ukraine ab. Momentan verfolgen Russlands Nachbarn und Mitglieder in von Russland dominierten Organisationen wie der Eurasischen Wirtschaftsunion eine vorsichtig abwartende Politik.

«Dafür weiß ich jetzt», sagt er,
«wie Krieg ist.»
«Wie denn?», frage ich ihn.
«Wie auch immer», antwortet er.

Serhij Zhadan

Ausblick

Nach dem 24. Februar 2022 war die Ukraine zunächst überall präsent – in den Bildern und Berichten vom Krieg, als ins Stadtbild integrierte blau-gelbe Fahnen der Solidarität, in Alltagsbegegnungen mit Geflüchteten, in Diskussionen über Waffenlieferungen und in den Sorgen über die wirtschaftlichen Kosten des Krieges, die über die Ukraine hinaus zu spüren sind. Eine tragischere Art und Weise, sich in die mentale Landschaft Europas und der Welt einzuschreiben, gibt es nicht. Die Anforderung, die sich daraus ableitet, ist die Anerkennung (post-)imperialer Denkmuster, die zu lange die Sowjetunion mit Russland gleichsetzten und die Länder Ostmitteleuropas in ihrer politischen und kulturellen Vielfalt von unserer Wahrnehmung abkoppelten.

Hierzu gehört neben dem Erhalt der europäischen Aufmerksamkeit angesichts des Israel-Hamas-Kriegs seit Oktober 2023 und anderer Krisen auch die Notwendigkeit einer kritischen Aufarbeitung der widersprüchlichen Russlandpolitik einzelner EU-Mitgliedstaaten und der EU insgesamt. Insbesondere die deutsche Russlandpolitik blendete die sicherheitspolitische Dimension eines Großprojekts wie Nord Stream 2 aus und präsentierte es noch bis kurz vor Beginn der Invasion Russlands in die gesamte Ukraine als kalkulierbares wirtschaftliches Restrisiko. Trotz finanzieller Unterstützung für die Reformprozesse in der Ukraine wurden die Perspektiven und Sicherheitswahrnehmungen aus Ostmitteleuropa und sogar die US-Sorgen über die Energieabhängigkeiten in Europa dem Imperativ, gute bzw. stabile Beziehungen zu Russland zu unterhalten, untergeordnet.

Die Herausforderung besteht in der Dekolonisierung des westlichen Blicks auf die Region Ost(mittel)europa. Russlands Krieg gegen die Ukraine zeigt deutlich, dass 1991 in Osteuropa nicht automatisch ein postimperiales Zeitalter begann. Der Zerfall der Sowjetunion wurde zu oft als weitgehend «friedlich» bezeichnet. Diese relativierende Annahme war schon in den 1990ern mit Blick auf die Kriege in Bergkarabach, Transnistrien, Abchasien, Südossetien und Tschetschenien inkorrekt. Mit der Ausnahme von Transnistrien gingen all diese Regionen durch wiederholte Zyklen der gewaltsamen Auseinandersetzung. Es hat viel mit unserer Wahrnehmung zu tun, wenn diese ungelösten Konflikte als klein, geopolitisch unwichtig oder zumindest als verlässlich «eingefroren» gesehen wurden. Nun ist in aller Deutlichkeit zu sehen, wie kurzsichtig derartige Annahmen waren.

Dieser Krieg begann nicht am 24. Februar 2022, sondern acht Jahre früher. Die Krim-Annexion, der Krieg im Donbas und schließlich die vollumfängliche Invasion seit Februar sind drei Phasen eines Krieges. Die Ukraine entsteht nicht erst jetzt als Nation und geeinter Staat inmitten des Krieges. Dieser Prozess begann spätestens mit der Unabhängigkeit 1991 und wurde durch wiederholte Zyklen von Protesten und Transformation geprägt.

Dieses kleine Buch begann mit einem Erklärungsversuch. Statt einer deterministischen, auf die Person Putin fokussierten Deutung wurden ineinandergreifende Entwicklungen aufgeführt, die erst in ihrem Zusammenspiel den Krieg in seinen verschiedenen Ausprägungen ermöglichten. Wladimir Putin war der Katalysator, der vor diesem Hintergrund wiederholt den Kriegsbefehl gab. Der Autoritarismus Russlands, der unter Putin zentralisierter, personalisierter und neo-imperialer wurde, traf in der Ukraine auf ein politisches und gesellschaftliches Gegenmodell. Dieses galt es aus Putins Sicht rechtzeitig abzuwenden, um die Rückkehr zu alter Größe zu ermöglichen – die

Hinterlassenschaft, mit der er in die russische Geschichte eingehen wollte. Das Paradoxe an Putins Entscheidung für die dritte Kriegsphase ist, dass Putin den Krieg inzwischen für den Systemerhalt braucht, aber auch dass die Risiken für das System mit dem Krieg letztendlich größer werden.

Ein Kriegsende zeichnet sich bisher nicht ab. Für die Ukraine gab es bisher keine Basis für Verhandlungen und für Russland keine Notwendigkeit für Verhandlungen. 2024 ließ sich eine rhetorische Verschiebung beobachten, und das Wort «Verhandlungen» klang im ukrainischen, russischen und internationalen Diskurs häufiger an, auch wenn die Vorstellungen sehr weit auseinanderliegen. Aus historischer Perspektive ist es auch keine Seltenheit, dass Kriege über einen längeren Zeitraum schwelen und phasenhaft an Intensivität gewinnen oder verlieren. Der Iran-Irak-Krieg dauerte 8 Jahre; der Krieg in Afghanistan wurde etwa 20 Jahre lang geführt. Der Dreißigjährige Krieg oder die «Russisch-Türkischen Kriege» im 19. Jahrhundert sind historische Beispiele für lange Kriege.

Es ist zu früh für ein Fazit. Deshalb endet dieses Buch mit verschiedenen Aspekten des Stimmungsbilds in der Ukraine. Inmitten von Zerstörung, Kriegsverbrechen und Flucht dominierten in Umfragen positive Emotionen. Einer Umfrage der Rating Group vom März 2022 zufolge empfanden 90 Prozent der Befragten Hoffnung. Vor dem Krieg fühlte sich nur ein Drittel hoffnungsvoll. In einer Umfrage des Kyjiwer Internationalen Instituts für Soziologie vom Oktober/November 2022 äußerten 80 Prozent der Ukrainer und Ukrainerinnen Optimismus über die Zukunft ihres Landes. Im Dezember 2023 gaben über 70 Prozent an, dass sie daran glauben, dass die Ukraine innerhalb von 10 Jahren ein prosperierendes EU-Mitglied sein wird. Ob diese Antworten die Gefühlslage erfassen oder eher eine Art gesellschaftliches Pflichtgefühl bzw. einen psychologischen Bewältigungsmechanismus beschreiben, werden wir vermutlich nie genau wissen. Ob sie von Dauer sind, wird sich zeigen, doch bisher sind sie bezeichnend für diesen Krieg.

Literatur

Primärquellen (in deutscher Übersetzung)

Wladimir Putin: Offen sein trotz der Vergangenheit, Ein Gastbeitrag, DIE ZEIT/ZEIT ONLINE, 22. Juni 2021; https://www.zeit.de/politik/ausland/2021-06/ueberfall-auf-die-sowjetunion-1941-europa-russland-geschichte-wladimir-putin/komplettansicht

Wladimir Putin: Rede an die Nation, 21.2.2022 (https://zeitschrift-osteuropa.de/blog/putin-rede-21.2.2022/) und Ansprache, 24.2.2022 (https://zeitschrift-osteuropa.de/blog/vladimir-putin-ansprache-am-fruehen-morgen-des-24.2.2022/)

Wladimir Putin: Rede am 9.5.2022 (ZEIT ONLINE: https://www.zeit.de/politik/ausland/2022-05/putin-rede-befreiung)

Wolodymyr Selenskyj: Ansprache an das russische Volk, 23.2.2022 (https://zeitschrift-osteuropa.de/blog/rede-von-volodymyr-zelenskyj/)

Wolodymyr Selenskyj: Videobotschaften vom 24.2.2022 (https://www.zeit.de/politik/ausland/2022-02/ukraine-wolodymyr-selenskyj-russland-krieg-videobotschaften)

Wolodymyr Selenskyj: Rede vor dem Deutschen Bundestag, 17.3.2022 (https://www.zeit.de/politik/ausland/2022-03/wolodymyr-selenskyj-rede-bundestag-ukraine)

Wolodymyr Selenskyi: Rede vor dem Europaparlament, 1.3.2022 (https://www.zeit.de/video/2022-03/6299282821001/eu-parlament-die-emotionale-rede-von-wolodymyr-selenskyj-in-voller-laenge)

Zeitschrift Osteuropa: Der Geist der Zeit. Kriegsreden aus Russland, 7/2021; https://zeitschrift-osteuropa.de/hefte/2021/7/.

Umfragen und Daten

Identity and Borders in Flux: The Case of Ukraine, ongoing research project incl. surveys (funded by British Academy (IBIF); https://ibifukraine.com/)

InfoSapiens (kein Datum): Publications. Online unter: https://www.sapiens.com.ua/en/publications

Institute for the Study of War (ISW) (2022): ‹Ukraine conflict updates›. Online unter: https://understandingwar.org/backgrounder/ukraine-conflict-Updates

Kyiv International Institute of Socioloy (KIIS 2014 a): Nationwide public opinion survey: April–Mai 2014. Online unter: https://www.kiis.com.ua/?lang=eng&cat=reports&id=319&page=6

Kyiv International Institute of Sociology (KIIS 2014b): April 2014. Online unter: https://www.kiis.com.ua/?lang=eng&cat=reports&id=302&page=1&y=2014&m=4

Kyiv International Institute of Sociology (KIIS 2021): Dezember 2021, Online unter: https://www.kiis.com.ua/?lang=eng&cat=reports&id=1079&page=1

Kyiv School of Economics Institute (no date): ‹KSE Institute›. Online unter: https://kse.ua/kse-department/kse-institute

New Europe Center (2023): ‹Wartime diplomacy. What Ukrainians think about Ukraine's movement towards EU membership and beyond›. Kyiv. Online unter: http://neweurope.org.ua/en/analytics/yevropejska-integratsiya-voyennogo-chasu-shho-dumayut-ukrayintsi-pro-ruh-ukrayiny-do-yes

Onuch, O. et al. (2019–2022): MOBILISE 2019–2022: Ukrainian Nationally Representative Survey (Waves 1–3). Online unter: https://mobiliseproject.com/ (incl. Ukraine Wartime National Surveys, 19.–24.5.2022).

Trebesch, C. et al. (2023): ‹The Ukraine Support Tracker: Which Countries Help Ukraine and How?› Kiel Working Paper No. 2218, Kiel Institute for the World Economy. Online unter: https://www.ifw-kiel.de/publications/kiel-working-papers/2022/the-ukraine-support-tracker-which-countries-help-ukraine-and-how-17204/

ZOiS (2019): Donbas Surveys; for results see: Sasse, G. and Lackner, A. (2019): ‹Attitudes and Identities across the Donbas Front Line: What Has Changed from 2016 to 2019?› Berlin: Centre for East European and International Studies (ZOiS), Report 3. Online unter: https://www.zois-berlin.de/fileadmin/media/Dateien/3-Publikationen/ZOiS_Reports/2019/ZOiS_Report_3_2019.pdf

UNHCR (2023): ‹Operational Data Portal: Ukraine refugee situation›. Online unter: https://data.unhcr.org/en/situations/ukraine

United Nations (2023): The UN and the war in Ukraine: Key information. Online unter: https://unric.org/en/the-un-and-the-war-in-ukraine-key-information/#uk2

Weiterführende Literatur

Adler, Sabine: Die Ukraine und wir. Deutschlands Versagen und die Lehren für die Zukunft. Berlin: Ch. Links Verlag, 2022.

Adler, Sabine: Was wird aus Russland? Über eine Nation zwischen Krieg und Selbstzerstörung. Berlin: Ch. Links Verlag, 2024.

Aliev, Alim: Zwischen Angst und Widerstand. Leben auf der Krim. Aus Politik und Zeitgeschichte, 74. Jahrgang, 6–8/2024, 03.02.2024.

Andruchowytsch, Juri: Euromaidan. Was in der Ukraine auf dem Spiel steht. Berlin: Suhrkamp Verlag, 2014.

Atai, Golineh: Die Wahrheit ist der Feind. Warum Russland so anders ist. Berlin: Rowohlt Verlag, 2019.

Balmaceda, Margarita M.: Russian Energy Chains: The Remaking of Technopolitics from Siberia to Ukraine to the European Union. New York, NY: Columbia University Press, 2021.

Beichelt, Timm, & Susann Worschech: Transnational Ukraine? Networks and Ties that Influence(d) Contemporary Ukraine. Stuttgart: ibidem Verlag, 2017.

Bidenko, Yuliya: (De)structuring of the Civil Society in the Political Process in Ukraine and Belarus. In: Smith, D. H., Moldavanova, A. V. und Krasynska, S. (eds.): The Nonprofit Sector in Eastern Europe, Russia and Central Asia: Civil Society Advances and Challenges. Leiden: Brill, 2018, 29–55.

Bingener, Reinhard und Markus Wehner: Die Moskau Connection. Das Schröder-Netzwerk und der Weg in die Abhängigkeit. München: C.H.Beck Verlag, 2023.

Channell-Justice, Emily: Without the State: Self-Organization and Political Activism in Ukraine. Toronto: University of Toronto Press, 2022.

D'Anieri, Paul: Ukraine and Russia: From Civilized Divorce to Uncivil War. Cambridge: Cambridge University Press, 2019.

Davies, Franziska und Makhotina, Ekaterina: Offene Wunden Osteuropas. Reisen zu Erinnerungsorten des Zweiten Weltkriegs. Darmstadt: WBG, 2022.

dekoder.org, Zentrum für Osteuropa und internationale Studien (ZOiS) und Forschungsstelle Osteuropa an der Universität Bremen: Archipel Krim, 2019. Online unter: https://crimea.dekoder.org/archipel.

Dollbaum, Jan Matti, Lallouet, Morvan und Noble, Ben: Nawalny. Seine Ziele, seine Gegner, seine Zukunft. Hamburg: Hoffmann und Campe, 2021.

Dornblüth, Gesine und Thomas Franke: Jenseits von Putin. Russlands toxische Gesellschaft. Freiburg: Herder Verlag, 2023.

Dornblüth, Gesine und Thomas Franke: Putins Gift. Russlands Angriff auf Europas Freiheit. Freiburg: Herder Verlag, 2024.

Dragneva, Rilka und Wolczuk, Kateryna: Ukraine between the EU and Russia: The Integration Challenge. New York: Palgrave Macmillan, 2015.

Finnin, Rory: Die Krim und die Krimtataren. Aus Politik und Zeitgeschichte, 74. Jahrgang, 6–8/2024, 03.02.2024.

Fischer, Sabine: Der Donbas-Konflikt. Widerstreitende Narrative und Interessen, schwieriger Friedensprozess. Berlin: Stiftung Wissenschaft und Politik, SWP-Studie, 2019.

Fischer, Sabine: Die chauvinistische Bedrohung. Russlands Krieg und Europas Antworten. Düsseldorf: Econ Verlag 2023.

Franke, Thomas: Russian Angst. Einblicke in die postsowjetische Seele. Hamburg: edition Körber-Stiftung, 2017.

Fritsch, Rüdiger von: Zeitenwende: Putins Krieg und die Folgen. Berlin: Aufbau, 2022.

Frye, Timothy: Weak Strongman. Princeton: Princeton University Press, 2021.

Garton-Ash, Timothy: Europa. Eine persönliche Geschichte. München: Carl Hanser Verlag, 2023.

Giuliano, Elise: Who Supported Separatism in Donbas? Ethnicity and Popular Opinion at the Start of the Ukraine Crisis. Post-Soviet Affairs 34:2–3, 2018, 158–78.

Glauben, Thomas et al.: The War in Ukraine Exposes Supply Tensions on Global Agricultural Markets: Openness to Global Trade is Needed to Cope with the Crisis. IAMO Policy Brief No. 44, Halle (Saale), 2022.

Greene, Samuel A. und Graeme B. Robertson: Putin v. the People. The Perilous Politics of a Divided Russia. New Haven, CT: Yale University Press, 2019.

Gumenyuk, Nataliya: Die Verlorene Insel. Geschichten von der besetzten Krim. Stuttgart: ibidem Verlag, 2020.

Harding, Luke: The Inside Story of Russia's Bloody War and Ukraine's Fight for Survival. New York: Vintage Books, 2022.

Hurak, Ihor and D'Anieri, Paul: The Evolution of Russian Political Tactics in Ukraine. Problems of Post-Communism 69:2, 2022, 121–32.

IISS (2023) Country focus: Ukraine. Online unter: https://www.iiss.org/regions/russia-and-eurasia/ukraine.

Jobst, Kerstin S.: Geschichte der Krim. Iphigenie und Putin auf Tauris. Berlin/Boston: Walter de Gruyter Verlag, 2020.

Jobst, Kerstin S.: Geschichte der Ukraine. Stuttgart: Reclam Verlag, 2015.

Jobst, Kerstin S.: Kurze Geschichte einer besonderen Halbinsel. Aus Politik und Zeitgeschichte, 74. Jahrgang, 6–8/2024, 03.02.2024

Kappeler, Andreas: Kleine Geschichte der Ukraine. München: C.H.Beck Verlag, 2014.

Kappeler, Andreas: Russische Geschichte. München: C.H.Beck Verlag, 2022.

Kappeler, Andreas: Ungleiche Brüder. Russen und Ukrainer vom Mittelalter bis zur Gegenwart. München: C.H.Beck Verlag, 2017.

Keudel, Oksana: How Patronal Networks Shape Opportunities for Local Citizen Participation in a Hybrid Regime. A Comparative Analysis of Five Cities in Ukraine. Stuttgart: ibidem Verlag, 2022.

Khromeychuk, Olesya: A Loss: The Story of a Dead Soldier Told by His Sister. Stuttgart: ibidem Verlag, 2021.

Kostiuchenko, Tetiana und Martsenyuk, Tamara: Russia's War in Ukraine 2022: Personal Experiences of Ukrainian Scholars. Stuttgart: ibidem Verlag, 2022.

Kulyk, Volodymyr: Shedding Russianness, Recasting Ukrainianness: The Post-Euromaidan Dynamics of Ethnonational Identifications in Ukraine. Post-Soviet Affairs 34: 2–3 2018, 19–38.

Kulyk, Volodymyr: Identity in Transformation: Russian-Speakers in Post-Soviet Ukraine. Europe-Asia Studies, 71:1, 2019, 156–178.

Kurkov, Andrej: Ukrainisches Tagebuch. Aufzeichnungen aus dem Herzen des Protests. Innsbruck: Haymon Verlag, 2014.

McGlynn, Jade: Russia's War. Cambridge: Polity Press, 2023.

McGlynn, Jade: Memory makers: The Politics of the Past in Putin's Russia. London: Bloomsbury Academic.

Mankoff, Jeffrey: Imperial Legacies in Eurasia: How Imperial Legacies Shape International Security. New Haven, CT: Yale University Press, 2022.

Masala, Carlo: Weltunordnung. Die globalen Krisen und die Illusionen des Westens. München: C.H.Beck Verlag, 2022.

Minakov, Mykhailo; Georgiy Kasianov und Matthew Rojansky (Eds.): From «the Ukraine» to Ukraine: A Contemporary History, 1991–2021. Stuttgart: ibidem Verlag, 2021.

Myshlovska, Oksana und Schmid, Ulrich (eds.): Regionalism without Regions: Reconceptualizing Ukraine's Heterogeneity. Budapest: Central European University Press, 2019.

Onuch, Olga und Gwendolyn Sasse: The Maidan in Movement and the Cycles of Protest. Europe-Asia Studies, 68:4, 2016, 556–587.

Onuch, Olga: Mapping Mass Mobilization. Understanding Revolutionary Moments in Argentina and Ukraine. London: Palgrave Macmillan, 2014.

Onuch, Olga; Henry E. Hale und Gwendolyn Sasse: Studying identity in Ukraine. Post-Soviet Affairs, 34:2–3, 2018, 79–83.

Onuch, Olga und Hale, Henry: The Zelensky Effect, London: Hurst, 2022.

Popova, Maria and Oxana Shevel: Russia and Ukraine: Entangled Histories – Diverging States. Cambridge: Polity Press, 2023.

Plochy, Serhii: Das Tor Europas. Die Geschichte der Ukraine. Hoffmann und Campe Verlag, 2022.

Plochy, Serhii: Die Frontlinie. Warum die Ukraine zum Schauplatz eines Neuen Ost-West-Konflikts wurde. Hamburg: Rowohlt Verlag, 2022.

Plokhy, Serhii: The Russo-Ukrainian War: The Return of History. New York: Norton & Co., 2023.

Portnov, Andrii: Polen und Ukraine. Verflochtene Geschichte, geteilte Erinnerung in Europa. Berlin: Forum Transregionale Studien, 2022.

Rjabtschuk, Mykola: Die reale und die imaginierte Ukraine. Essay. Frankfurt am Main: Suhrkamp 2013.

Romanova, Valentyna und Umland, Andreas: Ukraine Decentralization Reforms since 2014: Initial Achievements and Future Challenges, Chatham House Research Papers, September. Online unter: https://www.chathamhouse.org/2019/09/ukraines-decentralization-reforms-2014.

Sapper, Manfred und Volke Weichsel (Hrsg.): Geometrie der Nation. Geschichte und Gegenwart der Ukraine. Zeitschrift Osteuropa, 12/2003.

Sasse, Gwendolyn: The Crimea Question: Identity, Transition and Conflict. Cambridge: Harvard University Press, 2007.

Sasse, Gwendolyn und Alice Lackner: Attitudes and identities across the Donbas front line: What has changed from 2016 to 2019? Berlin: Centre for East European and International Studies (ZOiS), Report 3, 2019.

Sasse, Gwendolyn und Alice Lackner: War and State-Making in Ukraine: Forging a Civic Identity from Below? The Ideology and politics journal, 1:12, 2019.

Sasse, Gwendolyn: Grenzen und Identitäten im Wechselspiel nach 1989/91. Aus Politik und Zeitgeschichte, 05.01.2022.

Sasse, Gwendolyn: Russia's War against Ukraine. Cambridge: Polity Press, 2023 (translated and extended version of Der Krieg gegen die Ukraine, C.H.Beck, 2022).

Sasse, Gwendolyn: Krim – Rekonstruktion einer Annexion: Fakten, Lücken und Mythen. Aus Politik und Zeitgeschichte, 74. Jahrgang, 6–8/2024, 03.02.2024.

Schlögel, Karl: Entscheidung in Kyjiw. Ukrainische Lektionen. München: Carl Hanser Verlag, 2015.

Sereda, Viktoria: Displacement in War-Torn Ukraine: State, Displacement and Belonging. Cambridge: Cambridge University Press (Online Series: Elements in Global Development Studies), 2023.

Siegert, Jens: Russland nach Putin. München: S. Hirzel Verlag, 2024.

Snyder, Timothy: Bloodlands. Europa zwischen Hitler und Stalin. München: C.H.Beck Verlag, 2011.

Snyder, Timothy: Der Weg in die Unfreiheit. Russland, Europa, Amerika. C.H.Beck Verlag, 2019.

Schulze-Wessel, Martin: Der Fluch des Imperiums. Die Ukraine, Polen und der Irrweg der russischen Geschichte. München: C.H.Beck Verlag 2023.

Szporluk, Roman: Russia, Ukraine, and the Breakup of the Soviet Union. Stanford: Hoover Institution Press, 2000.

Thumann, Michael: Revanche. Wie Putin das bedrohlichste Regime der Welt geschaffen hat. München: C.H.Beck Verlag, 2023.

Uehling, Greta L.: Everyday War: The Conflict over Donbas, Ukraine. Ithaca: Cornell University Press., 2023.

Wilson, Andrew: Ukraine Crisis: What It Means for the West. New Haven: Yale University Press, 2014.

Wilson, Andrew: The Ukrainians: Unexpected Nation. Fifth edition. New Haven, CT: Yale University Press, 2022.

Wolkow, Leonid: Putinland. Der imperiale Wahn, die russische Opposition und die Verblendung des Westens. München: Droemer, 2022.

Zeitschrift Osteuropa: Russlands Krieg gegen die Ukraine. Propaganda, Verbrechen, Widerstand, 1–3/2022; https://zeitschrift-osteuropa.de/hefte/2022/1-3/.

Zhadan, Serhij: Antenne. Gedichte. Berlin: Suhrkamp, 2020.

Zhadan, Serhij: Himmel über Charkiw. Berlin: Suhrkamp Verlag, 2022.

Zhurzhenko, Tatiana: Borderlands into bordered lands: geopolitics of identity in post-Soviet Ukraine. Stuttgart: ibidem Verlag, 2010.